我的新闻『缘』又『圆』

『缘』又『圆』

我的新闻

杨秀国／著

河北大学出版社
·保定·

我的新闻“缘”又“圆”

WO DE XINWEN YUAN YOU YUAN

出 版 人：朱文富
责任编辑：马 敏
封面设计：马野超
装帧设计：张彦琪
责任校对：陈浩苏
责任印制：常 凯

图书在版编目(CIP)数据

我的新闻“缘”又“圆”/杨秀国著.--保定：河北大学出版社，2023.1
ISBN 978-7-5666-2096-5

Ⅰ.①我… Ⅱ.①杨… Ⅲ.①杨秀国－自传 Ⅳ.①K825.42

中国版本图书馆CIP数据核字(2022)第255073号

出版发行：河北大学出版社
地址：河北省保定市七一东路2666号 邮编：071000
电话：0312-5073019 0312-5073029
邮箱：hbdxcbs818@163.com 网址：www.hbdxcbs.com
经 销：全国新华书店
印 刷：保定市北方胶印有限公司
幅面尺寸：170 mm × 240 mm
印 张：13.75
字 数：180千字
版 次：2023年1月第1版
印 次：2023年1月第1次印刷
书 号：ISBN 978-7-5666-2096-5
定 价：66.00元

序

詹国枢

秀国写了本书，吩咐我给作序。

我说行，没问题，欣然应允。

秀国要写这本书，和我有一定关系。

大约两年前吧，秀国同我语音聊天，说打算写一本自传，问我行不？

我说当然行啦，应该写呀！我也在写，也是自传体随笔。

我说："秀国，我们都是搞文字工作的，退休以后，别无所能，也别无所好，写文章那可是个人的看家本领呀！我相信，只要你开始动笔，你会越写越高兴，越写越有兴趣的！"

当此时也，我也正在写本书《听凭风雨来——老詹的七个人生拐点》，也是自传体，和秀国的想法差不多。

人老了老了，写不写本书呢？这是个问题。

我的回答是，当然要写！原因有二。

其一，留下一点儿痕迹。

人这一生，赤条条来，赤条条走，原本没必要非得留下点儿什么。然而，倘若你是一个文字工作者，那就另当别论了。一个能够写作的人，将自己一生的经历和经验，如实记录下来，虽不敢妄言什么“立德、立功、立言”，但是，毕竟，趁着手中掌握着这一武器，给自己人生留下那么一点儿痕迹，岂不是小菜一碟，捎带手的事么？白纸黑字，流传于世，谁也争抢不走，谁也抹杀不了，这该多好！

其二，传授一点儿经验。

人活七八十岁，经历不少事情，在这些经历中，经验是些什么，教训又有哪些？如实记录下来，既可算是自己的一份人生总结，也能成为别人的一个人生参考。岂不是既利己又利人的好事？尤其秀国，既当过老师，又搞过新闻。老师做到博导，干新闻成了高级记者！如此经历，一般人并不具备吧？好好写下来，我相信不但学生们会喜欢看，年轻记者、编辑们也会从中受到启迪，何乐而不为呢？小而言之，这或许仅仅是我们的一家之言，点滴体会；大而言之，人类文明的巍巍大厦，不也正是由我们这些小小的砖瓦砌成的吗？

当然，应该写和如何写，毕竟还是两码事。

到底如何写呢？秀国说，他的宗旨是三个实，真实、朴实、充实。

这三个实，总结得好！

真实——这是为文之本。

倘若你的文章，尤其是自传体文章，缺少了真实二字，虚头巴脑，瞎编乱造，那么，哪怕你龙飞凤舞，文采斐然，终究也是站不住脚，也是没人愿意读下去的。

秀国这本书，从头到尾，非常真实！在第一章“难忘 1973——从民夫到公社广播员”中，他把自己如何高中毕业，如何被村里派去当民夫，到县城修公路的种种经历，描述得绘声绘色，跃然纸上！劳动间隙，他曾看到一位上海乘客从火车上下来，那身衣着，那般举止，直令穿一条蓝色短裤、着一件脏背心的秀国，发自心底感到自惭形秽，自此留下深刻印象，亦为这位年轻民夫日后报考上海复旦大学，留下了伏笔。

朴实——这是文章风格。

文如其人，秀国就是一个相当朴实的人，所以，他的文章，没有矫揉造作，并不花里胡哨。有一是一，有二说二，几乎原汁原味地呈现出自己一生的素描画卷。

刚考入复旦大学，秀国写道：“新闻系的其他同学，纷纷在《解放日报》《文汇报》上发表报道评论。那时，宿舍里、走廊上、黑板报前，凡是有人的地方，就有人讨论或争论。没有谈恋爱的，也看不到吃零食的。人们就像商量好似的，争分夺秒、废寝忘食，发誓要把被耽误、被荒废的时光抢回来。”短短一段文字，把 20 世纪 80 年代初，莘莘学子在大学校园里废寝忘食、发奋不已的场景描述得精练传神。

充实——这是文章分量。

如果说真实是原则，朴实是风格的话，充实应该就是文章的分量了。你这本书是否有充足的营养成分，能否给读者留下一些有用的干货？能否有所思，有所悟，有所得？如果答案是肯定的，那么，你这书就没白写，就不单单是为写而写，也就有了长久的价值和生命力。

秀国这本书，写得很充实。亦如他所说，有故事、有例证、还有点儿思想和独特见解。感兴趣的读者，可以慢慢品读。

至于其深刻思想和独到见解，时时见诸文字之中。比如，秀国这个博士生导师，自有一套独特的教学方法，即讨论式教学。每次上课，老师和学生都围绕一个主题或问题进行，如博士的站位、博士的视野、博士的思维、博士的情怀等。这个主题或问题，由老师确定，并提前告知博士生。

上课时，老师先开场，简明扼要地讲明本次课程的主旨、意图和基本观点，然后，每个博士生，轮流发言，围绕主题或问题进行交流。大家各抒己见，畅所欲言。可以争论，可以提出不同甚至相反的意见。最后，由老师进行总结和点评。

博士生们对这样的教学方式很感兴趣，非常积极主动。每次上课，大家都意犹未尽。不知不觉，半天时间就过去了。

各位看看，秀国这位博导，当得称不称职？他的方法，能不能给人启迪？

类似例子，还有不少，细细读来，你会收获满满。

记得我在撰写自己那本自传体随笔时，儿子詹越得知后，自告奋勇，要为老子作跋。我当然求之不得！儿子在其《父辈的经历，我们的财富》的跋中写道：“父亲是新中国同龄人，他们这一代人，留下了他们特殊的时代印记，以及他们独特的人生轨迹。父亲这些经历，对后辈是否会有参考价值呢？我想，只要我们做个有心人，对于父亲所讲述的故事，认真研读，仔细体会，自然会是有所收获的。”

儿子的这个态度，我相信也是大多数高校学子和年轻新闻同行对于秀国此书的态度。

正因此，我相信并祝贺秀国此书能够大卖。

〔作者系《人民日报》社原编委、
《人民日报》（海外版）原总编辑〕

目 录

引子 …………………………………………………………………（ 1 ）
第一章　难忘 1973——从民夫到公社广播员 …………………（ 3 ）
一、锤炼心智的民夫经历 ………………………………………（ 4 ）
1. 上海乘客的衣着，让我自惭形秽 …………………………（ 5 ）
2. 钢轨旁，望着满天星斗，我险些出了事故 ……………（ 6 ）
二、通过笔试面试，我当上了公社广播员 …………………（ 6 ）
三、骑着自行车到处采访，从此我与“新闻”结缘 ………（ 8 ）
1. 姚书记挑水抗旱，成就了我的“处女作” ………………（ 10 ）
2. 省电台记者搞培训，我初次接触新闻 ……………………（ 11 ）
第二章　“社来社去”的泊头师范，让我喜忧参半 …………（ 13 ）
一、劳动与“大批判”，成为主要课程 ………………………（ 14 ）
二、巨星陨落，唐山地震，粉碎“四人帮”，
我们都赶上了 ……………………………………………………（ 15 ）
三、一波三折“高考路” …………………………………………（ 17 ）

四、历史的回顾：谁恢复了高考？ …………………………………（19）
第三章 “知耻而后勇”的复旦求学路 …………………………（23）
一、孤陋寡闻：我感受到自己的差距 ……………………………（24）
二、广泛涉猎，我成了图书馆的“常客” …………………………（27）
三、两次实习，我更加认识了外面的世界 …………………………（30）
1. 长沙“小实习”——访名人、观胜景，收获满满 ……（30）
2. 安徽“大实习”，我结识了“敢开第一腔”的记者……（38）
四、我要当记者：担道义，著文章 ………………………………（49）
1. 范长江、邹韬奋对我的影响 ………………………………（50）
2. 复旦新闻系老师们对我的影响 ……………………………（53）
3. 大学同学对我的影响 ………………………………………（56）
4. 毕业分配：我陷入了焦虑和迷惘 …………………………（58）
第四章 河北大学——十年磨一剑 …………………………（61）
一、初到河大，怎一个“灰”字了得 ……………………………（62）
1. 4 个学新闻的，3 个来了河大 ……………………………（63）
2. 河北大学毕业生，有的去了省报和新华分社 ……………（63）
3. 第一次例会：教学经验交流会 ……………………………（63）
二、新闻专业崭露头角，影响越来越大 …………………………（64）
三、请校长当“模特”，骑自行车采访，我锐意创新 ……（66）
1. 模拟记者招待会，校长成了采访对象 ……………………（66）
2. 骑自行车采访保定南部 10 县，行程千余里………………（67）
3. 两位同学“挨”了我一回批 ………………………………（69）
四、艰难的调动 ………………………………………………（70）

1. 忽然之间，我成了“人才” …………………………（71）
2. 接收单位也出现了“变故” …………………………（71）
3. 校办室主任的诚意，让我温暖异常 …………………（72）
4. 关键时刻，刘克仁总编帮了我 ………………………（72）
第五章　《河北经济日报》社——累并快乐着 ………………（74）
一、条件虽简陋，内心很充实 …………………………（74）
1. 东方风来满眼春
——我最先闻到思想解放的气息 …………………（76）
2. 参与撰写系列评论，鼓动思想解放浪潮 …………（77）
二、发挥策划专长，我拿下了几个大奖 ………………（79）
1.《省城菜价大追踪》——为百姓餐桌鼓与呼 ………（79）
2. 策划“十看”，助力河北县域经济形成特色…………（82）
三、新闻无小事——时刻紧绷“安全”弦 ……………（87）
1. 领导职务弄错了，吓得我出了一身冷汗 …………（88）
2. 某位领导的名字出了错，我跑去道歉 ……………（89）
3. 教训，往往比经验更宝贵 ……………………………（90）
4. 新闻无小事，体现在多个方面 ………………………（91）
四、高调做事，低调做人 ………………………………（94）
1. 别人说我“三高”，我自己觉得平常…………………（94）
2. 两次竞聘成功，验证了我的做人、做事准则 ………（95）
3. 我最讨厌“假高调” …………………………………（96）
五、是走是留，再次面临抉择 …………………………（97）
1. 舍得，舍得，有舍才有得 ……………………………（98）

2. 决断，需要审时度势，明白自己“要什么” ……………… (98)
第六章　重回河北大学——我当上了博导 ……………………………… (101)
一、从读书、写论文开始搞科研 ……………………………………… (101)
1. 四本书对我的影响较大 ………………………………………… (102)
2. 我个人的读书体验 ………………………………………………… (109)
3. 哭笑不得的学生读书“实验” ………………………………… (110)
二、我获得了河北省社科优秀成果一等奖 ………………………… (111)
1. 咬定“有意思，有意义”目标不放松 ………………………… (113)
2. 我运用了“啤酒瓶子用途”等大量鲜活案例 ……………… (114)
3. 小小的遗憾：此书没能再版 ………………………………… (116)
4. 我也成了封面人物 ………………………………………………… (117)
三、我连续主持两个国家社科项目 ……………………………… (118)
1. 国家项目申请：“难于上青天” ……………………………… (119)
2. 重点高校教师“压力山大” ………………………………… (120)
3. 地方高校教师“举步维艰” ………………………………… (121)
4. “躺平”是无奈的表现 ………………………………………… (123)
5. 我申请国家项目的几点体会 ………………………………… (124)
四、新闻学院申博成功，我当上了博导 ………………………… (125)
1. 新闻学院申博“三连跳” …………………………………… (126)
2. 我和我的博士生 ………………………………………………… (129)
3. 两位较有特点的博士生 ………………………………………… (136)
第七章　退休时，我以新闻为轴画了一个“圆” ………………… (139)
一、活到老，学到老，我开始“补课” ………………………… (140)

二、“管住嘴、放开腿”，我的生活很有规律 …………………（142）
1. 管住嘴，就是拒绝甜食，尽量少吃面食 …………………（143）
2. 放开腿，就是坚持锻炼不偷懒 ………………………………（144）
三、有机会旅旅游，饱览祖国大好河山 ……………………（145）
四、上网刷手机，不远离社会时尚 …………………………（147）
附录：部分作品 ……………………………………………………（149）
我与新闻系（学院）老师“称呼”上的几件趣事 …………（149）
我的小组我的“家” ……………………………………………（154）
我的俄罗斯女博士生 ……………………………………………（160）
我和韩教授的“五个一” ………………………………………（163）
在新闻学院 2019 级迎新会上的发言 …………………………（167）
不忘初心　继续为我校争创一流贡献余热
——在全校退休教师代表座谈会上的发言 …………（173）
吴桥农村掠影 ……………………………………………………（176）
我陪孙女看“动画” ……………………………………………（179）
杨笑寒暑假生活记录 ……………………………………………（182）
去西部追寻“诗”和远方——西北西南行侧记 …………（186）
后记 ……………………………………………………………（201）

引　子

写不写这本自传，我纠结了一年多时间。

写吧，劳神费力、呕心沥血。待到书稿出版，送给谁去看？有没有人看？现代社会，信息传播早已进入“碎片化”时代，微信、微博、公众号以及抖音、快手等，成为大多数人获得信息、求取快乐的主要工具或手段，长篇大论的文章或书籍似乎已没有多少人愿意去读、去看。如此一来，岂不是枉费力气？我知道，没有多少传播效果的“传播”，还不如不传播。

不写吧，又实在不甘心。为啥？因为我的人生经历，虽说不上“传奇”，也没有大的坎坷和磨难，算不上轰轰烈烈，更与“立德、立功、立言”的“三不朽”不沾边。我就是一个普普通通的知识分子，一个与新闻打了一辈子交道的新闻人。可细细一想，能算得上“不朽”或轰轰烈烈的，天下能有几人？绝大多数人，不都是普普通通的么？在“人人都是传播者”的今天，我把自己最难忘的经历、发自内心深处的感悟记录下来，献给我的朋友、学生、家人，至少，献给为新闻传播事业拼搏奋斗了一辈子的我自己，也不是一件坏事。何况，我学新闻、教新闻、干新闻、再教新闻，不但与新闻“结缘”，而且以新闻为轴，画了一个“同心圆”的经历，也具有一定的独特性和稀缺性。我的一些感悟或体会，对于那些热爱新闻传播或对新闻传播有兴趣的人们，未必就没有或多或少的参考作用。

鉴于此，我还是下决心写这本书。

不过，我给自己定下了几个写作的原则：

一是真实。这是自传，不是小说，包括细节、心理活动等在内的所有记叙，都是确有其事。一就是一，二就是二。

二是朴实。不造作、不雕琢、说实话、讲白话，文风自然，体现本色。

三是充实。力求有故事、有例证，最好还能有点儿思想和独特的见解。

我将努力为之。

第一章　难忘 1973
——从民夫到公社广播员

1954 年 10 月，我出生在河北省吴桥县南徐王公社（现为于集镇）徐王杨村。

徐王杨（简称“杨庄”），是个不到千人的村庄，西邻宣惠河（又称“王莽河”）。20 世纪五六十年代，宣惠河两岸大多为“旱了收蚂蚱、涝了收蛤蟆”的盐碱地。恶劣的自然条件，注定了贫穷与我们相伴。

穷是穷，可杨庄却算得上文化村。这是因为，穷则思变。现在有句时髦的话叫作“贫穷限制想象”，可贫穷也能激发人的斗志，给人以跳出苦海、改变命运的动力。杨庄与周围的村庄有个明显不同：20 世纪 60 年代就出过好几位大学生，在北京、天津当工人的更多。光是我们家，我二哥在北京上大学，姐姐在天津上班。我叔叔家的大哥在北京当工人，大姐在天津。那时的邮递员常常羡慕我们村，说我们村出门在外的多，汇款来信也多。

在我的成长经历中，1958 年开始的“大跃进”吃食堂、1960 年开始的“瓜菜代”（因三年困难时期，没有粮食，用瓜菜代替）、1966 年开始的“文化大革命”等，都完完全全地赶上了。有些情景，虽然过去了几十年，依然历历在目，刻骨铭心。

转眼到了 1973 年初，我 19 岁，从公社高中毕业了。

毕业了，就得回家干活儿。和下乡知青不同，我们这叫回乡，没有就业的说法，不算工龄，更没有工资待遇。

回乡后，我遇到的第一件事，就是被村里派去当民夫，到县城一带修公路。

一、锤炼心智的民夫经历

我清楚记得，那是 1973 年 4 月 9 日。我们一行 7 人，各自推着带两个长条筐的车子。

车上装着当褥子用的草袋（袋子里填满防潮的麦秸）和简单的生活用品，向着县城附近的林庄公社大新村进发。当晚，我们几人挤在房东家放杂物的西厢房里，为期 5 个月的民夫生活，就这样开始了。

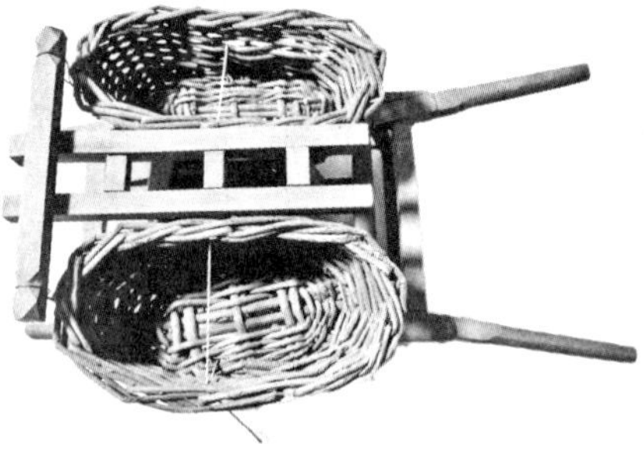

当年的长条筐车子

修柏油路，需要先把石灰和土搅拌均匀，压实路面后，铺上石子，最后喷洒沥青。我每天要干的活儿，就是推土、推白灰、推砖和石子。

当时年轻，干活儿倒没觉得特别累。不过，由于一直上学，我没有经过风吹日晒的磨炼，还是觉得不如别人。尤其是推着两边装满土、足有几百斤重的手推车，从坑塘底部往十几米高的路上推土时，更是咬紧牙关、一步一挪。好在这样的时候并不常有。说起来，比修河挖沟的民夫要强上一些。

当民夫修公路期间，有几件事情让我铭记至今，并影响了我以后的人生。

1. 上海乘客的衣着，让我自惭形秽

那是 1973 年 7 月的一天中午，收工后，我推着车子回工棚吃饭。

走到县城火车站时，不巧，禁止通行的栏杆已放下。一列上海直达北京的绿皮火车停在轨道上，等待别的列车通过。

车门开了，下来一位男性乘客。

这位乘客，中等偏高的个子，穿着一身藏青色的中山装，裤线笔挺。偏分的头发，油光铮亮；脚穿的皮鞋，也在阳光的照射下，闪闪发光。

只见这位乘客从兜里掏出一支烟来，悠闲地吸着。

此时的我，就在栏杆外的不远处。

当时，我穿着一条蓝色短裤，一件脏兮兮的背心，肩上搭着一条毛巾。

我和这位上海乘客的衣着和形象，形成了鲜明的对比。

心里什么滋味？只有我知道。

上海，是尽人皆知的大城市。作为北方人，虽然很少有人去过上

海，但是，上海的名气摆在那里。这次，我近距离见到了上海人，见识到了上海人的洋气。看看人家、看看自己，我体会到了什么叫自惭形秽。

1977年恢复高考，我填报的第一志愿就是上海的复旦大学。有人问我，为什么不报考北方特别是北京的大学，我曾发自心底地说：“我就是要过黄河、跨长江，到南方去，到上海去。”

这就是那次与上海人邂逅给我留下的印记。

2. 钢轨旁，望着满天星斗，我险些出了事故

修公路期间，我们几次转换工地。最后一次，我们搬到了紧挨京沪铁路的一座废弃窑厂。

白天干活儿，晚上没地方去，我便常常到铁路旁边静坐。

一天晚上，我又独自来到了铁路旁边的便道上。

望着满天的星斗，我开始遐想：这条铁路两头，都连接着什么地方，这些地方的人又在干什么？

正在信马由缰的胡思乱想时，一道刺眼的光束射过来。紧接着，一声声尖锐的汽笛声响起。我一激灵，赶快从紧挨铁路的便道上往旁边躲。原来，我坐的地方正位于铁道转弯处，当火车开过来时，我正沉浸在自己的世界里。这让我常常后怕：若不是躲闪及时，距离只有百多米的火车开过来，巨大的风极有可能把我旋进轨道里。

二、通过笔试面试，我当上了公社广播员

1973年9月初，我结束了5个月的民夫生活，回到村里参加

劳动。

9 日清晨，我刚出完早工（那时的公社社员一天要三出工，即早晨和上、下午。每个劳力每天挣 10 个工分：早晨 2 分，上、下午各 4 分），家里的小喇叭里就传来公社广播站播发的通知，让我明天（即 10 日）到公社报到，说是要选拔一名广播员。

原来的公社广播员是位女同志，因有事不干了。公社决定，从当年的高中毕业生中选拔 1 位男同学担任广播员这个角色。

班主任张之庆老师推荐了我和另外 4 位同学，5 选 1。

广播员和农机、水利、畜牧管理员，以及农技推广员等被称为“八大员”。别看这“八大员”依旧挣工分，农民身份并没有变化，但对于当时的农村青年来说，这已经非常令人羡慕了。要知道，那时没有高考，求学之路是不通的；没有招工，进厂当工人想都不要想。要是有谁能当兵，那算是烧了高香了。

既然是选拔，就得有考试。

主考官是公社负责治安的李保军。

首先，是笔试。李考官给我们 5 人出了一道题：写一篇记叙文。

写记叙文，对我来说并不难。中学时期，我的作文常常被老师当作范文。我稍加思索，便以《我们生产队妇女队长》为题，写了一篇几百字的文章，记叙了她以身作则、带头劳动的几件事情。

我第一个交卷，走出教室等待其他同学。

其次，是面试。主考官问了我们几个简单的问题。然后，让我们每个人朗读一段毛主席语录。

考试结束后，李考官让我们回家等消息。

第二天早晨，小喇叭里传来音讯，让我到公社去。

我被录取了。

这件事，在村里引起了轰动。一位本家大嫂跑来对我说：“你成公社的人啦。”

我的父母虽嘴上不说，但眼神里的高兴也是掩藏不住的。

那时的农村青年，除了在生产队务农，是没有别的出路的。即使务农，每天能挣 10 分，但这 10 分的分值，好的生产队能有四五毛钱，差的生产队只有两三毛钱。还有的，不足 1 毛钱。一年下来，人口少、劳力多的，能挣百元钱左右，人口多、劳力少的，就只有欠钱的份儿了。

我到公社当广播员，虽然还是挣工分，但毕竟成了公社的人，成了“有出息”的人了。

三、骑着自行车到处采访，从此我与“新闻”结缘

我当上广播员后，与公社党委书记范春华同住一间屋子。范书记 50 多岁，和蔼可亲，既是领导又是长辈。可惜，范书记不久就调走了，我俩相处的时间很短。

那时的公社大院，主体结构是套四合院，据说是当地大户人家的财产。书记住北房，东耳房住着公社妇联主任，西耳房就是广播站。

广播站的工作有 3 项：播音、接打电话和写广播稿。

每天早晨 6：30，准时打开扩音器，播放当时最流行的《东方红》乐曲，然后转播中央人民广播电台的《新闻和报纸摘要》节目；

中午，则有广播站的自办节目，主要播发公社和各村的政治和生产活动。

20 世纪 70 年代初，农民家庭收音机很少，家家户户的小喇叭是人们获取信息的主要工具。这种纸质的黑色小喇叭，碗口大小，挂在墙上，到时会自动响起。喇叭上有个小开关，不想听了，一拉绳子，就可以关掉，就像那个年代的电灯一样。公社广播站就是一个枢纽，上联中央，下接千家万户，其作用还真是不容小觑。

广播站有一部插孔的电话交换机。公社各部门要往外打电话，需通过交换机转出去。同样，外边的电话打进来，也要通过交换机。这样，每天插孔接转电话，也需要时刻有人值班。

因为有自办节目，就需要自采一些稿件。我的主要任务是采写稿件和值守电话。有时，也广播一些通讯员来稿。说到这里，还有一件趣事需要提及：我和我的夫人李洪荣，就是通过广播稿认识和熟悉的。当时，她是村民办小学教师，因喜欢写作，时常写一些稿件送到公社广播站。她写我播，一来二去，逐渐产生了感情。后来，由公社团委书记牵线，我们成就了婚姻和家庭，并且，一路栉风沐雨到如今，相依相靠近 50 年。

20 世纪 70 年代初的小喇叭

1. 姚书记挑水抗旱，成就了我的“处女作”

接任范书记的，是姚书岭书记。

那时的公社党委书记，务实、简朴、能干，没有官腔官调，没有盛气凌人，就像邻家大哥一样，亲切得愿意让人接近。

那是 1974 年的 7 月，天气大旱。刚出苗不久的玉米，叶子被晒蔫儿了，一把火就能点着。抗旱如救火，刻不容缓。公社党委召开紧急会议，要求各村立即行动起来，肩挑手提，救活一棵是一棵。公社领导也分片包村，带头到各村指挥抗旱。

我作为广播站的报道员，也骑着一辆破旧的自行车到处“采访”。

在前曹村的抗旱现场，我见到了公社姚书记。

姚书记正在挑水，一副扁担，两只水桶，100 多斤的重量压在他肩上。只见他步履轻盈，扁担像跳舞似的在肩膀上颤悠着。一看姚书记这架势，就知道他是经常参加劳动的。旁边不断有人过来想接过他的扁担，姚书记不肯。他和大伙说：“我行，我再干一会儿。”

这时，我突然发现，姚书记的背心上破了一个洞，漏出有些微红的后背。无疑，这是被太阳晒和汗水浸的。我被感动了，心想，这样的书记，真的和老百姓没有什么区别。

那时，我还没有学过新闻，还不懂什么叫新闻价值。但直觉告诉我：书记带头抗旱，这事肯定能好好宣传。于是，我写了一篇广播稿，寄到县广播站。很快，这篇广播稿就在县广播站播出了。这是我第一次在公社以上的媒体发表稿件。说起来，应该算是我的新闻报道处女作了。

2. 省电台记者搞培训，我初次接触新闻

要说和新闻的正式结缘，应该算县广播站搞的那次培训。

吴桥县有20个公社，社社都有广播员（报道员）。为了提高广播员的报道水平，县里搞了一次短期培训。

培训的老师是河北电台的记者，培训在县广播站进行。

老师具体讲了哪些内容，我已记不太清楚。但主要的意思，就是怎样把广播稿写好，怎样提高上稿率。

当时，我对讲课的这位省电台记者充满了羡慕之情。我觉得：当记者真好，可以东南西北到处跑，想去哪里就去哪里，想采访谁就采访谁。再看看我们这些广播员，只能称之为"土记者"，活动范围就十几个村子，跑上一阵儿，就没有新鲜感了。此时，有一个大胆的想法突然电石火花般地冒了出来：什么时候，我也能当记者呀！

不过，这个想法，转瞬之间就消失了。因为，那太不现实了。

说来也怪，看似不现实、很遥远甚至很荒唐的事情，往往在不经意间就能变成现实。

"机遇偏爱有准备的头脑。"著名生物学家巴斯德的这句名言，在我身上应验了。

1977年，国家恢复高考。填报志愿时，我的第一志愿，毫不迟疑地填了上海复旦大学新闻系。

上海，新闻系，这两个关键词，与我在火车站偶遇上海人和听省电台记者讲课密切相关。

由此看来，种子一旦埋进心里，遇到合适的条件时，就有可能破

土而出并茁壮成长。没有这粒种子，任你条件再好，也不会有什么小苗钻出来。

由此，我更认识到：对于青年人甚至是少年儿童，千万不要限制他们的“胡思乱想”，不要打压甚至扼杀他们的某些“冲动”（当然，特别极端或有危害的除外）。

第二章　“社来社去”的泊头师范，让我喜忧参半

1975 年 10 月，我被公社推荐，上了“社来社去”的河北泊头师范读书。

“社来社去”，是那个时代的特殊产物，意思就是不转户口和粮食关系，来自公社，再回到公社去。

泊头师范是中专，我们还算不上“工农兵学员”。

这里需要说明，1966 年，由于“文化大革命”的全面发动，我国停止了全国统一考试的招生制度。1968 年 7 月 21 日，新华社播发《文汇报》记者和新华社记者合写的调查报告《从上海机床厂看培养工程技术人员的道路》及《人民日报》写的编者按。在编者按里，传达了毛泽东同志关于教育革命的指示，大学还是要办的，但学制要缩短，教育要革命，要无产阶级政治挂帅，走上海机床厂从工人中培养技术人员的道路。要从有实践经验的工人、农民中间选拔学生，到学校学几年，又回到生产实践中去。根据毛泽东同志的指示精神，在

“文化大革命”期间，高等学校的新生由工厂、农村、部队进行推荐，称为“工农兵学员”。

工农兵学员因没有参加高考，水平参差不齐，多年来一直被社会诟病。就连这些学员自身，也始终觉得抬不起头来。直至现在，有些人在学历一栏只能填大普而不是大本。大普，实际上就是一至两年制的工农兵学员的代名词。

“塞翁失马，焉知非福。”我被推荐时，是大学指标。后来到县里体检，被人偷梁换柱，弄成了中专指标。刚刚了解到这一情况时，我还愤愤不平，但越到后来，我越暗自庆幸：幸亏大学指标被人顶替了，不然，我也将终身背着工农兵学员的包袱，不但不能参加后来的高考，“新闻”也极可能与我无缘。

忧中亦有喜。这，恐怕就是生活的辩证法。

一、劳动与“大批判”，成为主要课程

从距家乡 30 多公里的泊头火车站下车后，迎接我们这届新生的是一辆马车。

我被分在中文八班。班主任是毕业于华东师大的徐荣华老师。

徐老师，1.78 米的个子，清癯的脸上，透出一股书卷气。他的夫人是学校医务室的大夫。

他们一家五口，就住在学校的平房里，与我们上课的教室相隔只有几十米。有事没事，我们总爱到徐老师家“串门儿”。因而，同学们与老师一家的感情都比较深。

徐老师除了给我们上语文课，印象最深的，就是和我们一起参加劳动。

1977 年刚开春，我们到吴桥县罗屯公社实习。说是实习，但并没有多少教学活动，主要任务是接受“再教育”，到生产队参加劳动。

早晨，徐老师和我们一起，到村头的坑塘洗脸。水冰凉冰凉的，捧一把抹在脸上，又提神又刺激，让我们有点儿“苦中作乐”的幸福感。

劳动时，徐老师穿一身磨得发白、裤子上打着补丁的蓝色旧衣服。他挥锹挖土、平地，和我们有说有笑，真有点儿像人民军队“官兵平等，患难与共”的样子。

这次以实习为名的劳动，持续了两个月。其他还有，参加学校农场劳动，参加献县河街劳动等。总之，只有两年的师范学习，参加劳动的时间，就得有半年之多。

除了劳动，就是“批林批孔”“评法批儒”等各种政治活动。

“批林批孔”，就是批判林彪和孔丘。“评法批儒”，就是评论历史上的法家，批判儒家。

这些带有鲜明时代烙印的名词，今天已没有多少年轻人知晓。可在“文化大革命”那样的特殊年代，又几乎无人不晓。

真正上课读书的时间，就少得可怜了。

二、巨星陨落，唐山地震，粉碎“四人帮”，我们都赶上了

1976 年 1 月 9 日清晨，我正在学校操场上跑步。

6：30，中央人民广播电台的《新闻和报纸摘要》节目突然传出令人撕心裂肺的哀乐。我和正在跑步的同学一下子愣住了，大家不约而同地止住了脚步。

“中国共产党中央委员会、全国人大常务委员会、国务院沉痛宣告：中国人民伟大的无产阶级革命家、杰出的共产主义战士周恩来同志，因患癌症医治无效，于1976年1月8日与世长辞……”啊，周总理逝世了？周总理逝世了！

巨大的悲痛，瞬间让师生们双泪长流。

和全国人民一样，我们年轻人也特别热爱周总理、敬仰周总理。周总理的丰功伟绩自不必说，单单他那日夜操劳、鞠躬尽瘁的工作作风，宽厚待人、平易近人的长者风范，光明磊落、大爱无私的坦荡胸怀，就足以成为我们这一代人崇拜的偶像。所以，悼念总理、怀念总理，人们都是发自内心的，是格外真诚的。

同年7月6日，朱德逝世。

同年9月9日，毛泽东逝世。

三位伟人接连辞世，让我们觉得“天塌了”。我们忧心如焚：国家怎么办？我们的未来怎么办？

真是福无双至，祸不单行。1976年，不仅“天塌了”，地也“陷”了。7月28日凌晨3：42，唐山发生7.8级地震，造成24万多人死亡，16万多人重伤。

惊涛骇浪、雾霾重重。

1976年，成为中华民族灾难史上最惨重的一年，也是新中国成立以来最沉痛的一年。

物极必反，严寒尽头是春天。

1976 年 10 月，党中央一举粉碎王洪文、张春桥、江青、姚文元“四人帮”。长达 10 年之久的“文化大革命”终于结束了。

苦难是一剂良药，它让人痛苦，也让人觉悟和成长。

三、一波三折“高考路”

1977 年，我国教育界发生了一件大事：恢复中断了 10 多年的全国统一高考。

1977 年 10 月 21 日，中国各大媒体公布了恢复高考的消息，并透露本年度的高考将于一个月后在全国范围内进行。可惜，我所在的学校并没有人传达这方面的消息，同学们只是私下悄悄议论。在一个偶然的情况下我知道了这件事情。

河北省泊镇师范学校中文八班毕业合影，第四排右五为本书作者

这大概是在 1977 年的 11 月份。当时，我们已经毕业回到家中。不久，接到返校通知，说是从毕业生中选拔部分同学再次培训，以充实高中教师队伍，我被选上了（那时，中专毕业的师范生只能教初中）。

高考消息，对于我们这些“社来社去”的中专生来说，是喜忧参半。喜，是因为终于有机会考大学了；忧，是听到一些传言：中专生不能参加高考，因为已经是专科生了。

大家都忐忑不安，忧虑且焦虑。

过了半个月左右，又一个消息传来：“社来社去”的中专生可以参加高考。此时，离高考只有半个月的时间了。

没有复习资料，没有参考书目，没有任何人辅导。新中国历史上最仓促、最紧张的高考就这样开始了。

印象中，高考时间是 1977 年 12 月（经查，全国各地高考时间并不统一，河北省高考时间是 1977 年 12 月 15 至 16 日），地点是泊头一中。高考科目是语文、政治、数学和史地，满分为 400 分。

高考第一天，在去往泊头一中的路上，天下着小雪，我穿着一双家做棉鞋踩在泥泞的路上，扑哧作响。

上午的第一场，考语文。

拿到卷子，我先浏览了一遍，觉得总体上并不太难。一是因为语文是我的强项，二是此次考试是恢复高考后的第一次，难度不算太大。

我现在还能记起来的是有一道注音题。其中，有一个为“袅”字。真是会者不难，我轻而易举地写下了（niǎo）的拼音。因为我知道，这个字是形容烟雾缭绕、随风飘荡的样子，如炊烟袅袅。

这场考试，监考老师至少 3 次在我身边停留。我知道，他这是在悄悄浏览我的答案。我非但没有紧张，心里反而更踏实了。

此后多年，我经历过很多次考试：或是被考，或是监考。也无数次听老师或家长对考生说，不要紧张、不要紧张。其实，越说不紧张，考生就越紧张。紧张不紧张，关键是看功底如何。功底扎实，有备而来，自然不会紧张；心里没底，再放松也没用。我们常说，“台上一分钟，台下十年功”，就是这个道理。

事后得知：1977 年，全国考生 570 万人，大专院校共录取新生 27.3 万人，录取率不到 5%。所以，当有人谈起当年高考试题简单，考上的人运气好时，我并不以为然。因为，机会是均等的。简单不简单，只是相对而言。要知道，那可是十年“文革”刚刚结束的特殊年代，谁敢、谁能静下心来读书学习呀。幸运的成分可能有，但最根本的还是个人的见识和努力程度不同。

这里还有一个小插曲：当第一场的语文考试结束后，几位参考的泊师同学回到宿舍的第一件事，就是找来字典，查阅那个“袅”字到底读什么音。看来，那几道看似简单的注音题，也确实难倒了不少人。

四、历史的回顾：谁恢复了高考?

没有高考，就没有我们的今天。

高考，改变了无数人的命运，创造了中华人民共和国崭新的未来。

随着时间的推移，几十年后，邓小平主持“科教座谈会”，拍板恢复高考的史实被披露出来，我才明白，没有邓小平，就没有1977年的恢复高考，同样也不会有我们的今天。

据有关资料介绍：1977年7月中旬，党的十届三中全会决定全部恢复邓小平的职务。作为主管科技和教育的国务院副总理，上任伊始，他就主持召开了“科教座谈会”。

对于参加8月4日开始的“科教座谈会”人员，邓小平提出四个原则要求：第一，要有见解，敢于说话。第二，不是行政人员。第三，在自然科学方面要卓有才学。第四，不能与“四人帮”有牵连。

座谈会没有设置特定议程。邓小平开门见山地说：“我的想法是从科研、教育入手，什么话都可以讲，没有棍子，要消灭棍子。不但没有棍子，现在的三个公司都要丢掉（指制造棍子的钢铁公司、乱扣帽子的帽子公司和事后给人穿小鞋的鞋子公司）。”

随着会议的深入，与会者的放开，涉及实质性内容的发言开始出现。有的说：现行的招生办法（指推荐工农兵上大学），群众推荐是走形式，领导批准是走后门的合法依据，没有考试制度，后门是堵不住的。

来自武汉大学的查全性副教授，感到面对教育的混乱现状，必须大声讲出自己的观点来。

当着邓小平和与会者，查全性慷慨陈词、直抒己见：“当前的大学招生办法，存在严重问题，应采取坚决的措施予以改进，以使新生的质量得到切实保证。现行的招生制度，有四个严重弊病：①埋没人才，一些热爱科学、有前途的青年选不上来，而那些不想读书、文化程度又不高的人，却占去了招生名额，这是极不合理的。②现行招生制度，卡了工农子弟上大学，他们如果没有特殊关系是上不了大学的。群众反映：新中国成立前上大学靠钱，17 年（1949 年至 1966 年）靠分，现在靠权。我们没有钱、没有权，靠分还能有份儿。③坏了社会风气，助长了不正之风，而且越演越烈。据我所知，今年招生还没开始，就已经有人在请客、送礼、走后门。制度不改，走后门之风就刹不住。④严重影响了中小学学生和教师的积极性。现在，甚至连小学生都知道，上大学不需凭文凭，只要有个好爸爸就行。”

查全性接着提出了自己的建议：“应当建立全国统一的报考招生制度，并应体现以下精神：①名额不要下到基层，由省市自治区掌握。②按照高中文化程度统一考试，并要严防泄露试题。考试要从实际出发，重点考语文和数学。从语文和数学的成绩可以看出学生的文化程度和抽象思维能力。③真正做到广大青年有机会报考和志愿选择专业。学生可以从应届高中毕业生中招，也可以从社会青年中招，不受资历的限制。”

接下来，不少与会人士几乎沿着查的发言主题，补充着同样的问题。

看到和听到专家教授如此迫切决绝，如此慷慨激昂，且声声肺腑之言，邓小平当即拍板：“今年开始就改，不要等了。”

在 1977 年 10 月 5 日召开的中央政治局会议上，时任党中央主席的华国锋对邓小平提出“恢复高考”的意见明确表态，“先就这样定下来，然后再不断总结经验”。于是，虽然推迟了高考时间，但却影响了中国数十年的高考制度改革，就这样一锤定音，发生了历史性的转变。

蹉跎岁月，时光荏苒。

在恢复高考后的首届学生已经毕业 40 多年的今天，再来回忆“恢复高考”这个重大历史事件，更让人思绪不断、心潮澎湃。

第三章 “知耻而后勇”的复旦求学路

1978 年春节期间，我收到了复旦大学的录取通知书。

录取通知书装在一个牛皮纸信封里。信封下端，是通红的毛体大字“复旦大学”。

我是在村里的小卖部拿到通知书的。

我三步并作两步，跑到家中，把这个天大的好消息告诉父母。

通知书上的报道时间是 1978 年 2 月 28 日。

我一边抓紧筹集去上海的车票钱，一边找到大哥家里，请他代我照顾好年岁已大的父母。

我有两个哥哥和一个姐姐。一般来说，最小的孩子总是会受到全家人的宠爱，或多或少会有些骄娇之气，我则不然。我是父母的“老生子”，和哥姐的年龄差距较大。所以，哥哥们早就分家另过，只有我和父母一起生活。如此一来，我就像“独生子”一样，从小学会了做各种家务，从小形成了“小大人儿”的成熟性格。

临上大学前，父母的年龄都已超过 60 岁。前几年，母亲患过偏

复旦大学

瘫，行动非常不便。我在泊头读师范时，年迈的母亲就曾多次孤独地坐在村口，眼巴巴地瞅着过往的行人，期待她的小儿子突然出现。这次我到上海读书，对她老人家来说，该是怎样的滋味呀？（写到这里，我已泪流满面。）更加令我悔恨终生的是，我刚上大学的第 10 天，我那善良、忠厚的母亲便去世了，享年 66 岁。而我，是在两个月后才知道的。原因是父亲知道我刚走，不让说。

坐在开往上海的绿皮火车上（车票 16 元），我一夜无眠。

2 月 28 日清晨，我终于如期来到了上海。

乘坐着迎接新生的汽车，我踏进了令无数学子神往的复旦大学，开始了 4 年的求学之路。

一、孤陋寡闻：我感受到自己的差距

复旦大学创办于 1905 年，校名出自《尚书大传·虞夏传》“卿云烂兮，纠缦缦兮；日月光华，旦复旦兮”两句中的“复旦”二字。本意是追求光明，不忘“震旦”（复旦前身为震旦）之旧，寓含自主办学、复兴中华的意义。

作为恢复高考后的首届新闻系学生，我们班的序号为7713，共招收了59名学生。（后来，又有1位同学加入，但他的学制并不是4年。）

我们的宿舍位于6号楼，共有7名室友。其中，上海2名，四川、陕西、山东、江苏、河北各1名。

入学不久，我就明显感到了自己与同学们的差距：知识面太窄，甚至有些孤陋寡闻。

比如，有一次大家谈论起羊枣，说得津津有味。羊枣是谁？他是怎样的人？我一无所知，因而，根本就插不上嘴，更别说发表意见了。原来，羊枣是一位被称为“新闻奇才”的左翼作家、烈士。1934年，他写的反映纱厂女童工苦难生活的报告文学《包饭作》和夏衍1936年的报告文学《包身工》，并称为“姊妹篇”。抗战期间，羊枣的《论太平洋之战》和《太平洋暴风》吸引了大批读者，一时名声大噪。

还有，老师上课时常常提到一些世界文学名著，我也是闻所未闻。就连课余时间聊天，大家谈论一些电影明星、体育明星，我也大多不知道。

本来，这些也算不了什么。术业有专攻，各有各的专长嘛。不过，在1978年的大学校园里，学习、求知的氛围格外浓厚。1977级，再加上相差半年入学的1978级，两届学子聚在一起，研讨问题、相互砥砺。校园里，空气中都充满着观点碰撞的学术味儿。

更让人震惊的是，中文系的卢新华发表了《伤痕》一文。

1978年8月11日，上海《文汇报》破例以整版篇幅，刊登《伤痕》。“伤痕”一词，从此成为追溯“文革”记忆的文学思潮的代名词。

卢新华和我同龄。他后来谈及创作体会时，引用过罗曼·罗兰的一句名言：“只有出自内心，才能深入内心。”

我当时并不知道这些。

我知道、看到的，是中文系另一位77级女同学正在创作戏剧《李世民》；我们新闻系的同学张健人正在创作长篇小说。当我在自习室见到他时，他面前的手稿足有半尺厚。

新闻系的其他同学，纷纷在《解放日报》《文汇报》上发表报道评论。那时，宿舍里、走廊上、黑板报前，凡是有人的地方，就有人讨论或争论。没有谈恋爱的，也看不到吃零食的。人们就像商量好似的，争分夺秒、废寝忘食，发誓要把被耽误、被荒废的时光抢回来。

这里需要解释一下：这种情况在1977级、1978级和1979级三届同学身上体现得特别明显。并且，这三届同学年龄差别较大，有的早已结婚生子，有的则刚刚高中毕业。十五六岁的年龄差，常常给爱开玩笑的同学带来不少有趣的话题。

我正在宿舍学习

“不进则退，小进也是退”。这种浓厚的学习和求知氛围，让我感到了空前的压力。我知道，要缩短与同学们的差距，唯有努力、努力、再努力。

二、广泛涉猎，我成了图书馆的“常客”

要扩大知识面，我首先从阅读世界文学名著开始。

以前，很少能接触到世界文学名著。那时，农村图书匮乏，想看书也没地方去借。中学时代，晚上能看场露天电影就不错了。到了读师范时，可以借到的图书也是少之又少。

在复旦，除了上课，我便一头扎进图书馆，在这片知识的海洋里遨游。

印象中，我最先阅读的是法国雨果的《悲惨世界》和《巴黎圣母院》。之后，是巴尔扎克的《高老头》《幻灭》，狄更斯的《双城记》，小仲马的《茶花女》，大仲马的《基度山恩仇记》等。我还阅读了《战争与和平》《复活》《飘》《简·爱》《十日谈》等名著。读书时，我会随手记下一些名言警句，并强迫自己反复背诵以增强记忆。

复旦大学晚饭的时间是从下午 5：00 开始。我早早赶到食堂，快买快吃，争取 6：00 之前就赶到图书馆。那时，图书馆的座位是需要“抢”的。稍晚一步，就没有座位。

除了外国文学名著，我还在《唐诗》《宋词》《古文观止》等我国古代、现代经典作品上下了功夫。

《宋词一百首》，我几乎倒背如流。《唐诗三百首》，我大多也背诵过。《古文观止》等名篇，更是反复琢磨，力求弄懂弄通。

陶渊明曾说过，“勤学如春起之苗，不见其增，日有所长”。我也深刻地体会到了这句话的精妙之处。在以后几十年的工作和生活中，这些知识积累常常在不经意中发挥了作用。比如，我在《河北经济日报》社工作时，有一次撰写长篇通讯，反映改革开放给河北市场带来的巨大变化。由于内容涉及全省，时间跨越10年，在拟订通讯题目时遇到了困难。题目小了，显不出气势，压不住；题目大了，又失之空泛。我抓耳挠腮，好不焦躁。

干脆不想了。我离开房间，准备出去散散步。刚迈出门，突然，灵感不期而至：满川风雨看潮生、满川风雨看潮生！北宋苏舜钦《淮中晚泊犊头》中的这句名言，瞬间涌到眼前。

苏舜钦的诗是这样写的：

春阴垂野草青青，
时有幽花一树明。
晚泊孤舟古祠下，
满川风雨看潮生。

呼呼的风挟着潇潇的雨，上游的春潮正龙吟虎啸、奔腾而来。多有气势、多么豪迈！用来形容河北市场改革的壮阔图景，又是多么贴切。第二天，以此为主标题的整版通讯发表后，报社同人、河北发改委（时称河北计经委）纷纷称赞文章写得好，标题做得更好。

再比如，在高校教学时，我常常讲这样一个案例：改革开放，给人们带来了消费观念、消费习惯的变化：市场上瘦肉贵了、肥肉便宜了。道理不言自明：过去，人们吃不起肉，偶尔买点儿肉，也是挑肥的买；现在，生活条件好了，人们都挑瘦的买。

有一则新闻的标题是这样的：

知否，知否？应是贱“肥”贵“瘦”（引题）
爱吃瘦肉者，请您多付钱　　　　　（主题）

“知否知否，应是绿肥红瘦”是宋代著名词人李清照《如梦令·昨夜风疏雨骤》中的名句。我对此已烂熟于心。现不妨抄在这里：

昨夜风疏雨骤，浓睡不消残酒。
试问卷帘人，却道海棠依旧。
知否，知否？应是绿肥红瘦。

新闻的标题虽然不是我做的，但因为我对李清照的词很熟悉，认为作者套用“绿肥红瘦”来说明猪肉的“贱肥贵瘦”，不但准确，而且很形象、很别致。

我举这个例子，无非是想说明：知识的储备、文学素养的提升，对于新闻写作是多么重要。其实，不仅仅是新闻写作，所有和“表达”有关的讲话、文章都需要具有扎实、广泛的知识储备。有时，我们常常感到词不达意，或者表达生硬、乏味、不够生动和形象，就是因为阅读量太小，“肚子”里货不够多造成的。

4 年的复旦求学，是我眼界拓展、思维开阔、知识倍增的 4 年，是我遵循复旦校训“博学而笃志，切问而近思”孜孜以求的 4 年。都说上大学能改变命运，其实，上大学首先改变的是自己。没有内涵的强大，仅仅靠那面金字招牌，以至于“金玉其外，败絮其中”，也是不行的。

三、两次实习，我更加认识了外面的世界

“读万卷书，行万里路”，是多少人的梦想和追求。

“知行合一”，更是无数人孜孜以求的理想境界。

在复旦新闻系求学期间，我一共参加了两次实习。这两次实习，虽说不上“行万里路”，但也为我打开了了解外面世界的窗口，给我留下了终生难忘的印象。

第一次实习，地点是湖南省的《长沙日报》社，时间较短，我们称之为“小实习”。第二次是安徽省的《安徽日报》社，为期近半年，我们称之为“大实习”。

1. 长沙“小实习”——访名人、观胜景，收获满满

1979年冬，我和马申、张俊、胡志民同学作为一个实习小组，到湖南《长沙日报》社实习。

由于刚刚接触新闻工作，加之时间很短，印象中没有特别的采访经历和有较大价值的作品问世，只记得马申同学的一篇《300张嘴都说好》（介绍企业食堂如何为职工服务）的报道，报社反映不错。

相反，没有列入报道计划的几次参观学习活动，倒是有声有色，令人难以忘怀。

(1) 集体访问革命老人陶承

复旦实习生与陶承老人合影
后排站立者左一为马申同学，
左二为作者，左四为胡志民同学

陶承（1893—1986），一位女革命家。她经历了丈夫欧阳梅生、儿子欧阳立安、欧阳稚鹤先后为革命牺牲的严峻考验，强忍失去亲人的痛苦，忘我地为革命工作。晚年，陶承创作了自传体小说《我的一家》，发行600多万册，成为轰动一时的革命传统教材。后来，《我的一家》被改编成电影《革命家庭》，在全国上映。

我们几位实习生慕名采访了这位老人。

时年已经80多岁的陶承老人精神矍铄，很是健谈。

这是我第一次面对面接触既有传奇色彩又格外朴实亲切的革命老人，内心的那份崇敬感无以言表。

陶承老人说着，我飞快地在笔记本上记着，恨不得一字不落。访问结束，陶承老人在我的笔记本上签上了自己的名字。

(2) 参观湖南省立第一师范——毛泽东青年求学的地方

在毛主席的诗词中，《沁园春·长沙》给我的印象很深。

1913年春至1921年冬，毛主席在长沙求学和工作。他求学的地方，正是闻名遐迩的湖南省立第一师范。

湖南省立第一师范的前身是南宋理学家张栻于1161年创办的城南学院，位于长沙湘江东岸，隔湘江与岳麓山相望。著名的橘子洲，就位于第一师范与岳麓山之间的湘江中。

> 独立寒秋，湘江北去，橘子洲头。
> 看万山红遍，层林尽染；漫江碧透，百舸争流。
> 鹰击长空，鱼翔浅底，万类霜天竞自由。
> 怅寥廓，问苍茫大地，谁主沉浮？
> 携来百侣曾游，忆往昔峥嵘岁月稠。
> 恰同学少年，风华正茂；书生意气，挥斥方遒。
> 指点江山，激扬文字，粪土当年万户侯。
> 曾记否，到中流击水，浪遏飞舟？

毛主席的这首诗，我在中学时学过。当年，我就曾为毛主席青年时代“指点江山、激扬文字”的豪迈气概激动过，为他“问苍茫大地、谁主沉浮”的英雄情结感奋过。如今，我来到了湘江边，登过了岳麓山，看到了橘子洲，岂能不去参观省立第一师范，看一看毛主席当年学习的地方？

湖南省立第一师范

毛主席读书时所在的八班教室

走进第一师范，我看到了他清晨洗浴打水的水井，还看到了他当年读过的赫胥黎的《天演论》等书籍……

40多年过去了，当年参观时的一些细节，至今还历历在目。

如毛主席曾和室友订立了“三不谈”室规，即不谈金钱，不谈家庭琐事，不谈男女问题。

毛主席坚持“文明其精神，野蛮其体魄”，常年洗冷水澡。

毛主席养成了“不动笔墨不读书”的习惯，他读过的书，大都有各种批注。

据介绍，毛主席当年读过的或对他影响较大的书，大致有四类：

一是，传统的文史典籍。他深厚的国学功底，就是靠这类书打下的。

二是，近代西方的著作。如赫胥黎的《天演论》、斯宾塞的《群学（社会学）肄言》，以及卢梭、亚当·斯密等人的著作。

三是，新文化运动开始后，国内学者传播新思潮方面的书，特别是李大钊、陈独秀、胡适等人的著述。

四是，《共产党宣言》等马克思主义书籍。

（3）瞻仰毛主席故居——韶山

1980 年初，我到了韶山，瞻仰了毛主席的故居。

毛主席故居（1982 年经党中央批准，将“旧居”改称为“故居”）坐南朝北，是一幢土木结构的凹字形农舍。整栋房子大小房屋 20 间，东侧 15 间是毛泽东家，西侧是邻居家。

我先后参观了少年时期毛泽东的卧室，其父母的卧室和其弟毛泽民、毛泽覃的卧室。参观时，我看到了毛泽东的全家照以及他当时用过的扁担、水桶、锄头等农具。

此时的毛主席故居，还没有经过大规模的整修和建设，还保留着最初的样子。故居北面，是一个水塘，因是冬天，塘里的荷花已经衰败。我在此凝神遐思，并拍下了一张照片。

这样一个小山村，何以诞生了毛泽东这样一位伟人？带着这样一个问题，我又独自爬上了故居南面的小山。山上长满青松翠柏，寒风吹来，松涛阵阵。此时的我，头脑异常清醒。我不懂“易经”，也不迷信什么“风水”。但我知道，独特的地理及人文环境，对于人的成长肯定是有影响的。虽然，我到现在也说不清楚这种影响到底有多大，又是怎样形成的。

韶山留念

（4）参观任弼时故居，拜谒杨开慧墓

1945 年 6 月 19 日，在中共七届一中全会上，毛泽东、朱德、刘少奇、周恩来、任弼时当选为中央书记处书记，史称“五大书记”。

其中，毛泽东、刘少奇、任弼时都是湖南人。

任弼时故居始建于清末，属典型的清代江南院落民居。故居坐东朝西，北依山丘，门临池塘，为上下三进两偏屋一罩厅的砖木结构宅院。

在故居，我们看到了任弼时童年时的卧室以及他用过的书桌、椅子和床铺。我们还参观了任弼时夫人陈琮英的卧室等。

任弼时故居前，我们师生合影留念

杨开慧碑前留影

继而，我们又拜谒了杨开慧墓。

杨开慧（1901—1930），湖南长沙板仓人。1920年冬，杨开慧和毛泽东结婚，1921年加入中国共产党。

大革命失败后，毛泽东领导秋收起义，开展井冈山根据地斗争。杨开慧则独自带着孩子，参与组织和领导了长沙、平江等地武装斗争，1930年被捕并随之遇害。

1957年10月，毛泽东为纪念杨开慧特写了《蝶恋花·答李淑一》词一首，赞其为“骄杨”。

（5）返校途中，我们在南昌和杭州逗留

1980年1月，“小实习”结束，我们在湖南实习的两组同学，一起返校。

途中，我们先在南昌短暂停留，参观了八一南昌起义旧址。

后在杭州逗留，游览了西湖和钱塘江。

在南昌，虽然停留的时间只有几个小时，参观拍照的地方也只有起义旧址和八一南昌起义纪念塔，但是，这座英雄的城市还是给了我很大的震撼。直到现在，我看一些有关南昌起义的影视剧或传记时，还是倍感亲切。

“上有天堂，下有苏杭”。苏州我去过，“浓妆淡抹总相宜”的杭州，这次也利用实习返校的机会游览了。

苏堤、三潭印月、岳飞墓、花港观鱼、断桥等景点，我和同学们尽情欣赏。由于我是第一次来西湖，兴致更高。过去，只能在画报或明信片上见到的，这次身临其境，真有如醉如痴之感。

八一南昌起义纪念馆前留影
左一为作者，左二为马申同学，左三为胡志民同学

接着，我们又到钱塘江边，登上了六和塔。

人生几十年的阅历告诉我：凡是第一次接触过的事物，印象都很深刻。尤其是向往、期待已久的事物，就更是如此。30 多年后，我出差路过杭州，再次游览西湖，并在六和塔当年拍照的窗口照了相。不过，虽是旧地重游，也有些感慨，但那股激情，就淡得多了。

我和姚生京同学在平湖秋月合影

30 多年前六和塔留念

30 多年后六和塔故地重游留念

2. 安徽“大实习”，我结识了“敢开第一腔”的记者

1981 年春，新闻系组织第二次实习。由于时间将近半年，我们称之为“大实习”。

我被分到了《安徽日报》社。

这次实习分为两个阶段：第一阶段去六安记者站，第二阶段去芜湖记者站。正是这次实习，让我对大别山和江淮大地有了初步的接触和了解。

（1）“将军县”金寨，让我情有独钟

刚到六安时，还有一个小插曲：我住在六安行署招待所。早晨散步时，广播里正在播放《牡丹之歌》：

啊，牡丹，百花丛中最鲜艳，

啊，牡丹，众香国里最壮观。

……

《牡丹之歌》是电影《红牡丹》的主题曲，而《红牡丹》是讲述我的家乡吴桥县杂技艺人闯荡南北的故事。所以，当我听到《牡丹之歌》时，油然而生一种亲切感，不由自主地跟着学唱起来。40多年过去了，在我所会不多的歌曲中，《牡丹之歌》是我较能完整唱下来的歌曲之一。

六安记者站有两位记者：刘之基和汪言海。

很快，我跟随两位记者到大别山腹地的金寨县采访实习。

金寨县被誉为“将军县”。上将洪学智、中将皮定均等，都是金寨人。据介绍，20世纪50年代授衔的金寨县开国将军有59人，是仅次于湖北红安的第二大将军县。

在这之前，我对金寨县并不熟悉。但大别山，却令我心向往之。原因无它，刘邓大军挺进大别山，闻名遐迩，耳熟能详。这次能到大别山，我感到特别幸运。

陪同两位记者走村串户采访，我对金寨的杜鹃花情有独钟。

那时正是春天，满山的杜鹃（映山红）开成一片。一簇簇、一团团，红色、粉色，把金寨的山坡打扮得绚丽多彩。不是我特别喜欢花，而是“若要盼得红军来，岭上开遍映山红”的《映山红》歌曲，对我影响太大了。特别是金寨人民当年踊跃参加红军，鲜血染红了金寨大地，怎能不让我对杜鹃（映山红）别有一番情思。

（2）两位记者的“逗趣”故事，让我忍俊不禁

故事一：有人睡觉打呼噜怎么办？

这好像是刘记者讲的。他说，记者经常出外采访，晚上住招待所，碰到有人睡觉打呼噜肯定很烦。你越烦，就越睡不着；越睡不着，就觉得呼噜声越响。怎么办呢？你把打呼噜的人想象成你的爱人，他（她）打呼噜，说明他（她）睡得香。他（她）睡得香，对你来说是件好事。这样，你就不烦他（她）了。心情一好，就能睡着了。

我尝试过刘记者的方法，不怎么管用。但这个小故事体现了记者苦中作乐的精神却是真的。

故事二：把有点儿发霉的饼干“咽”下去！

这好像是汪言海讲的。他说，记者出外采访，经常吃不上饭，必须随身带一些饼干之类的东西充饥（此时是 1981 年，山区交通不便）。有一次，他去一个山村采访。爬坡时又累又饿，便坐下来休息，并掏出盒装的饼干吃。不知吃到第几块儿时，突然发现饼干有点儿发霉。顿时，恶心得要吐。可转念一想，不吃怎么办？结果，还是拉肚子了。

现在看来，这有点儿“阿 Q”精神。可在特殊情况下，也未必不是减轻痛苦的自我解嘲法或自我安慰法。

（3）汪言海为大包干“开了第一腔”

中国的改革始于农村，农村的第一步改革始于安徽。

安徽省凤阳县小岗村 18 户村民，于 1978 年 11 月 24 日深夜，在一纸分田到户的“秘密契约”上按下了鲜红的手印。这是一份把集体

土地承包到户的大包干契约，也是一份干不成就要掉脑袋的生死状。就是这份契约，拉开了中国农村改革的序幕。

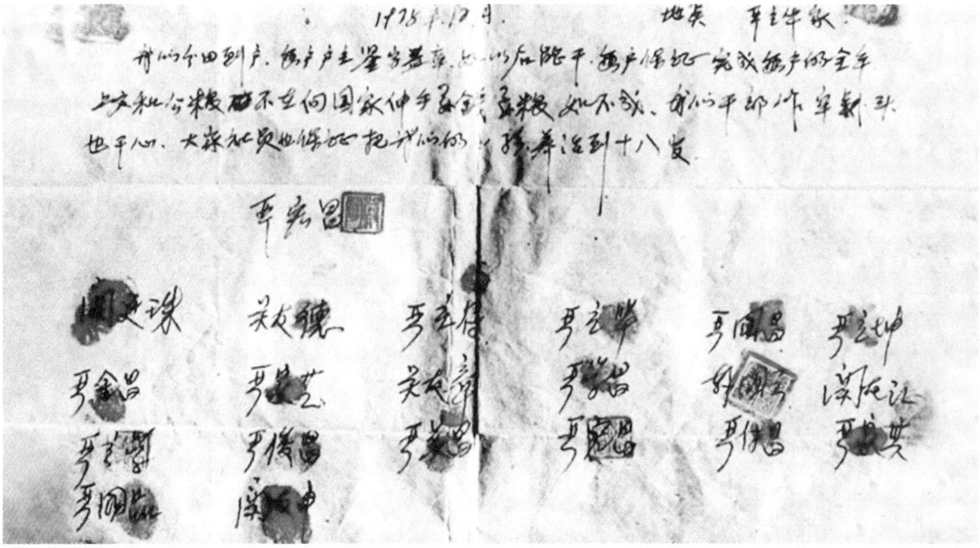
1978.12月. 地点 严立华家

我们分田到户，每户户主签字盖章，如以后能干，每户保证完成每户的全年上交和公粮，不在向国家伸手要钱要粮。如不成，我们干部作牢刹头也干心，大家社员也保证把我们的小孩养活到十八岁

集体土地承包到户的大包干契约

那么，作为媒体记者，敢不敢、能不能报道大包干呢？

这就不得不说说《安徽日报》驻六安记者站记者，与我相处了一段时间的汪言海。

1979 年 7 月至 1980 年底的近一年半时间里（我的实习时间是 1981 年春），汪言海先后 5 次对肥西县（肥西属于六安）的包产到户进行调研。为《人民日报》内参、新华社内参、中国社科院（未定稿）撰写了多篇内部材料，供中央领导同志参阅。1980 年 5 月 31 日，邓小平同志对包产到户有一个讲话，他说，“农村政策放宽以后，一些适宜搞包产到户的地方搞了包产到户，效果很好，变化很快。安徽

汪言海

肥西县绝大多数生产队搞了包产到户，增产幅度很大"。①

在汪言海所著《新闻的背后》一书中，刊有他写的一篇文章《我是怎样为农村改革开第一腔的》。

文章中写道："1979 年 7 月，为了解'大包干'的真实情况，我来到肥西县山南区进行了 10 天的调查，并撰写了 4300 多字的调查报告'安徽省肥西县山南区包产到户的调查'。该调查报告几经辗转，刊发在 1979 年 9 月 6 日《人民日报》的'情况汇编'（机密件）上，呈送中央领导同志参阅。"

之后，汪言海按照要求，又第二次到肥西，在全县范围内进行了为期一个月的调查，写了一篇长达 7000 多字的调查报告"关于肥西县包产到户的一些调查材料"。这两篇调查报告，得到了《人民日报》调研组的充分肯定：立论鲜明，论据充分，生动雄辩，是本报反映包产到户问题最早的两篇情况。

缘于此，汪言海被称为"新闻界为农村改革开第一腔的人"。

题外话：汪言海的"量化调查"法，今天仍可借鉴。

搞科学研究，需要用事实说话，用数据说话。

用数据说话，涉及一个重要名词"抽样调查法"。

当时（1979 年），肥西县乃至安徽全省对包产到户的争论极其激

① 《邓小平文选》第二卷，第 315 页。

烈。支持者说包产到户调动了社员积极性，有很多好处。反对者则马上举出很多事例，说包产到户有很多害处。真是公说公有理，婆说婆有理，莫衷一是。

汪言海认为，对于增产增收，必须拿出面上过得硬的整体材料才有说服力。最好是肥西全县增产增收的统计数字，或者是全县向国家缴纳征购粮的数字。可调查时大秋作物刚刚登场，不可能有全县的数字。

怎么办呢?

根据事物都是两头小中间大的规律，汪言海和陪同调查的同志商定：调查 1 个先进队、1 个后进队、3 个中间队，共 5 个生产队。具体调查哪个队，则根据公社上一年的分配大表，由记者随意点，点到哪个队，不论远近都要去。

汪言海设计了 1 个分户调查统计表，按产量和收入两大项调查。至今，汪言海还保留着当时 5 个队的调查统计表。以防虎公社赵店生产队为例：每户要调查 35 个数据。其中，粮食方面要调查的数据又分 3 个项目：当年粮食产量、粮食开支与上年相比，共 15 个数据。当年粮食产量又分大麦、早稻、中稻、豆类、玉米、山芋等 7 项。在增收方面，则要更细致一些。

每户 35 个数据，120 户，就是 4200 个数据。在汪言海的第二篇调查报告中，这 120 户的调查数据及其分析，占有举足轻重的地位，大大增强了调查报告的说服力。

我之所以要说这段题外话，是因为我在高校新闻传播学院工作，经常涉及本科生、硕士研究生、博士研究生的毕业论文写作。毕业论文（又称“学位论文”）最重要的当然是选题。其次，就是研究方法。研究方法，又有定性研究和定量研究之别。定量研究，就是将问题与现象用数量来表示，进而去分析、解释，从而获得有意义的研究方法和过程。

在定量研究中，比较常用的是调查法，即为了达到设想的目的，制订某一计划，全面或比较全面地收集研究对象某一情况的各种材料。调查法又包括抽样调查（问卷）、深度访谈、随机访问等内容。

40 多年前，还不知道“抽样调查”这个名词的汪言海，在调查过程中，就采用了抽样调查等方法，反映了他强烈地责任感和深入实际的作风，不得不令人敬佩。

（4）汪言海纵论大包干前景，让我学会了宏观观察

1981 年春，我陪汪言海在安徽霍邱县采访。

当晚，我们之间有一场关于大包干未来发展前景的谈话。这场谈话，对我后来观察事物、研究问题的方式，产生了极其重要的影响。

那时，大包干已经在全国农村推开。一时间，分田分地真忙。

然而，大包干的未来走向或发展趋势如何呢？

汪言海认为，合久必分、分久必合，是历史发展的必然趋势。

新中国成立前后，农村土地改革的主要特点是“分”。1958 年 7 月，开始实行人民公社，主要特点是“合”。现在的包产到户，其主要特点又是“分”。将来的发展走势，还会走向“合”。

汪言海说，过去的人民公社，实行“三级所有、队为基础”的经济制度。生产小队、生产大队的划分，不是依据其内部的经济联系，而是按照行政区域来划分。这种“合”，是明“合”暗不“合”，是行

政命令捏合在一起的“合”。因此，造成了出工不出力，干多干少一个样、干好干坏一个样的结果。

现在的包产到户，把土地和收益紧紧联系在一起，多劳多得，少劳少得，不劳不得，极大地调动了农民的积极性，显示了蓬勃旺盛的生命力。

但是，包产到户以后，土地规模变小了，农业机械化、科技现代化怎么实施？中国农村人多地少，大家都捆在自己的一亩三分地上，生产效率怎么提高？

所以，包产到户的未来发展前景，就是有步骤、分阶段地走向新的“合”。这个“合”，就是土地逐步向少数经营大户集中，形成有一定规模的农场。那些剩余的劳动力，则参与社办或队办企业，发展多种经营。这样，土地承包的性质不变，但各种经营组织、服务联合体等，就可以雨后春笋般地涌现。这种按经济利益、内在联系发展起来的多种经济体改变了原来“一大二公”、根据行政区域、行政命令“拉郎配”式的硬性组合，为农业机械化、科技现代化创造了条件，也为农民富裕、农村繁荣打下了坚实的基础。

40年前的1981年，汪言海的这番谈话，让我茅塞顿开，暗暗称奇。此后的农村改革实践，也一一应验了汪言海的这番预测。现在，农村土地流转已成为现实。大批农民或创办各类企业，或进城务工，使得第三产业快速发展。农业机械化、科技现代化，也从梦想变成了实实在在的农村图景。

“与君一席话，胜读十年书。”汪言海关于农村包产到户发展前景的这番话，一下子开阔了我的视野，提升了我观察事物和问题的站位。后来，我专门写了一篇学术论文《漫谈宏观观察》，发表在四川《新闻界》1989 年第 3 期上。

题外话：35 年后，我专程拜访了汪言海。

人，需要有、也应该有感恩之心。

对于从事业上、学业上，以及生活上等诸多方面曾经帮助过自己的人，是不能忘记的。哪怕对方的这种帮助，是无意的。

我对汪言海，一直没有忘记。虽然时隔多年，想去拜访他的念头一直埋藏在心里。

2016 年 3 月底，我推掉其他事情，毅然登上了南下合肥的高铁。

多年未联系，我并不知道汪言海现在的情况究竟如何。唯一的信息是他兼任安徽大学新闻传播学院教授。

我的一位硕士研究生周正昂在安徽大学新闻传播学院工作。但她也不知道汪言海到底住在哪里。

我又与《安徽日报》社记者部、老干部处联系。他们都知道有这个人，但近况如何，居住何地，也说不清楚。

我心想到了再说吧。总会有办法的。

周正昂接上我，但往哪里去找呢？35 年前我实习时，知道《安徽日报》社老家属院，就往家属院去打听吧。

在市府广场李鸿章纪念馆附近，我们终于找到了家属院，并打听到了汪言海的住处。

因为事先无法联系，汪言海见到我时有些惊愕。一番自我介绍后，汪言海与我顿时熟络起来，侃侃而谈，饶有兴致地述说了他的近况。最后，汪言海送给我他刚刚出版的《新闻的背后》《新闻采写十五讲》《新闻评论不神秘》和《看上去很土——我说我的通讯》。

从作者简介里，我了解了汪言海的履历：汪言海，高级记者、安徽大学兼职教授，享受国务院特殊津贴。1941 年 3 月出生于安徽无为县，1965 年毕业于安徽大学数学系。1972 年从《皖西报》社调入《安徽日报》社，先后常驻六安、巢湖记者站工作。之后，历任农村部、经济部、评论部副主任、主任和编委等职。其作品有 2 篇获得“中国新闻奖”三等奖，7 篇获得“安徽省好新闻”一等奖。

（5）芜湖记者站，我留下了小小的遗憾

1981 年 5 月，我只身来到《安徽日报》社芜湖记者站。

芜湖的镜湖很美。

据了解，镜湖分东、西两湖，水面达 200 多亩，由南宋著名词人、状元张孝祥“捐田百亩，汇而成湖”。因其水清可鉴，“形似圆镜”，故名镜湖。

芜湖的铁画也声名远播。铁画“以锤为笔，以铁为墨，以砧为纸，锻铁为画”。或山水，或人物，或花卉虫鱼，或飞禽走兽，非常精致。

在芜湖记者站，我随同当地媒体去泾县采访。途中，经过茂林，看到半山腰有一个山洞。据当地人介绍，这是新四军副军长兼政委项英遇难的地方。

1941 年 1 月，国民党顽固派制造“皖南事变”，项英藏身于茂林的这个“蜜蜂洞”中，被叛徒杀害，年仅 43 岁。

在芜湖记者站实习，我有幸登上了九华山。

九华山为中国佛教四大名山之一，相传为地藏菩萨应化的道场。

我曾登过泰山。九华山虽不如泰山那样雄伟，但群峰壁立，十王峰、莲台峰、天柱峰等瑰丽壮观。在九华山，我还看到了百岁圆寂的明代无瑕和尚的“肉身塔”。

九华山原名九子山。李白将它改称为九华山。

李白有一首《望九华赠青阳韦仲堪》的诗，赞颂九华之美：

昔在九江上，遥望九华峰。
天河挂绿水，秀出九芙蓉。
我欲一挥手，谁人可相从。
君为东道主，于此卧云松。

九华山留影

在芜湖记者站，我也留下了一个小小的遗憾，就是没能去成黄山。

“五岳归来不看山，黄山归来不看岳。”明朝旅行家徐霞客曾赞叹道：“登黄山，天下无山，观止矣。”

这说明：黄山的名气和影响太大了。

更何况，泾县离黄山不远，只有 100 多公里。可我终究没能去成。一是时间有点儿紧，二是没有旅行费，缺钱。

补记：40 年后，我终于圆了登黄山梦。

2021 年 10 月，我们部分大学同学组织安徽游，从淮北、淮南再到江南，最终登上了黄山。10 月 10 日，天气难得的晴朗。在黄山迎客松前，我们拍照。此时，群峰兀立，浮云漂浮，宛如仙境。

啊！我登临黄山的梦终于圆了。

尽管这中间相隔了整整 40 年。

四、我要当记者：担道义，著文章

南复旦、北人大。

1977 年，我国恢复高考时，全国只有复旦大学和北京大学招收新闻专业学生。1978 年，北大新闻专业并回中国人民大学。南复旦、北人大的说法便由此而来。

新闻系新闻专业，无疑是培养记者的摇篮。

自然而然，我的理想就是当一名优秀的新闻记者，当一名“铁肩担道义，妙手著文章”的记者，当一名像范长江、邹韬奋那样的记者。

“铁肩担道义，妙手著文章”出自李大钊。有一次，一位朋友请李大钊题写一副对联，他奋笔疾书了“铁肩担道义，妙手著文章”十个大字，与朋友共勉。这副对联，原是明代人杨继盛所作。杨继盛因反对严嵩而惨遭杀害，临刑前写下了名联“铁肩担道义，辣手著文章”。

理想总是很丰满的。

1. 范长江、邹韬奋对我的影响

我国新闻传媒界有一个奖励优秀新闻工作者的奖项，就是长江韬奋奖。

我在读书期间，就对范长江和邹韬奋有了一定程度的了解，这远在该奖项设立之前。

对范长江的了解，是因为读过他采写的《中国的西北角》《塞上行》等通讯；对邹韬奋的了解，则是因为参观过位于上海的邹韬奋纪念馆。

（1）范长江：穷毕生精力，研究一两个问题

范长江（1909—1970），抗战期间，他以天津《大公报》特约通讯员名义，从成都出发，开始了他的西北之行。从 1935 年 7 月至 1936 年 6 月，他西至敦煌、北抵包头，实地考察了四川、陕西、青海、甘肃、内蒙古的许多地方，了解政治、经济、文化、宗教、民族关系等多方面情况和民情民俗。他沿途撰写的旅行通讯，后汇集成《中国的西北角》一书。这些通讯，揭露了日本帝国主义侵略的危机，反映了国民党统治的腐败、黑暗和各族人民的痛苦生活。更为珍贵的是，首次客观而真实地报道了红军长征的行踪和影响。

范长江开始西北之行时，年仅 26 岁，和我读大学时的年龄相仿。当时我就在想：到底是什么力量，激励着范长江跋山涉水，深入黄沙漫漫、杳无人烟的不毛之地采访呢?

原来，这是因为他始终抱有一个信念：穷毕生精力，研究一两个问题。当时，日本帝国主义已占领东北，全面抗战随时可能爆发。幅

员辽阔的西北地区，极有可能成为抗战大后方。并且，苏联援助中国抗战的通道也是西北。如此一来，西北就变得非常重要。范长江考察西北，就是回答抗战后西北的状况等大问题的。

范长江的通讯，以纪实的方式，谈古论今，笔触生动传神。历史、地理、人文与自然知识丰富。一时间，刊载这些通讯的《大公报》销量大增，作者“长江”也名噪一时。

当记者就要学习范长江，像范长江那样，立志研究大问题，并身体力行，干出一番成就来。

我暗暗下定了决心。

补记：2020 年，我也去了一趟大西北。

2020 年 10 月，我和复旦部分同学一起组织了一次西北游。

我们从陕西榆林出发，经内蒙古（路经包头）、甘肃（到了敦煌）、青海，回到四川成都。沿途，我们乘车穿行在高速公路上，望着那千里无人烟的茫茫戈壁，我一次又一次地想起了范长江，遥想他当年是怎样克服重重困难在这些地区采访的。后来，我写了一篇游记《去西部追寻“诗”和远方——西北西南行侧记》。其中，专门提到了范长江。

对我影响较大的，还有一位新闻界前辈——邹韬奋。

（2）邹韬奋：热爱人民，真诚地为人民服务

邹韬奋（1895—1944），中国新闻记者、政治家、出版家。原名思润，笔名韬奋，祖籍江西余江（今鹰潭市余江区），生于福建永安。1921 年毕业于上海圣约翰大学。自 1926 年在上海主编《生活》周刊起，毕生从事新闻出版工作，主办过 7 个报刊。1936 年 11 月，他和

沈钧儒、李公朴、沙千里、史良、章乃器、王造时同时被捕，史称“七君子事件”。

邹韬奋在自己的报刊生涯中，特别重视言论工作。从《生活》周刊的“小言论”到《大众生活》的“星期评坛”“漫笔”，再到《抗战》三日刊的“时评”等，他始终立于大众立场，形成了“热爱人民，真诚地为人民服务，鞠躬尽瘁，死而后已”的“韬奋精神”。

当然，对我有较大影响的，还有穆青等人。穆青等人的《县委书记的榜样——焦裕禄》《为了周总理的嘱托》《一篇没有写完的报道》等通讯，我都认真学习过。

20世纪七八十年代，作为恢复高考后的首届大学生，我们都是有新闻理想的。我们的心中充溢着满满的正能量。没有“佛系”，没有“躺平”，也没有“挣大钱”、住豪宅的念头。这与今天的情形相比，显然已不可同日而语。

我和同学罗际明去参观了位于上海的邹韬奋纪念馆

2. 复旦新闻系老师们对我的影响

复旦大学新闻系（现为新闻学院），创办于1929年9月，是我国历史最悠久、名扬海内外的新闻传播教育机构。

我读书时，只有新闻学1个专业（现在则有4个专业），系主任是王中教授。

王中（1914—1994），中国新闻工作者、新闻教育家。1935年考入山东大学外文系，1936年参加中华民族解放先锋队，从事抗日救亡活动。1940年后在山东抗日根据地从事新闻工作，曾任《农民报》《鲁中日报》总编辑，新华社山东分社编辑部主任、《新民主报》编辑部主任。1949年5月到上海后，历任华东新闻学院教务长，复旦大学教授、新闻系主任等职。

王中教授

他的《新闻学原理大纲》为我国新闻学走上系统化、理论化和科学化轨道，建立了里程碑式的功绩。

王中教授给我们讲授新闻学概论。在我的印象中，他的第一节课是先从“报纸”的概念讲起的。“报纸，是以刊载新闻和评论为主的定期（或非定期）印刷出版物”。接下来，他又讲了报纸有无商品属性的问题等。

印象最深的是王中教授对“新闻”的定义。

原来，新闻界普遍认可的是陆定一关于“新闻”的定义：新闻，是新近发生的事实的报道。该定义是陆定一 1943 年 9 月 1 日在延安《解放日报》发表的《我们对于新闻学的基本观点》一文中提出来的（直到现在，该定义仍被奉为圭臬）。

王中教授认为，变动，是事实之所以成为新闻的鲜明特征。常态和一般不是新闻，非常态、特殊才是新闻。此外，报道是指公开传播，不公开的、民间的和私下流传的，也可能是新闻。因此，王中教授对“新闻”的定义是：新近发生的变动的事实的传布。

王中教授强调“变动”和“传布”，应该说，比陆定一的定义更加精准和具体了。

在以后多年的新闻教学和媒体实践中，我牢记王中教授的教诲。一有机会，我就会传播王中教授的“新闻”定义。我觉得，这不仅仅是出自学生对老师的敬重，更是对求知和探索的传承。

遗憾的是，除了上课，我几乎没有和王中教授单独交流过。因为，我太普通了，普通得鼓不起勇气让老师加深对我的印象。

好在，这个遗憾，我终于在 2017 年 9 月，也就是毕业 35 年后弥补了。

恢复高考 40 年（2017 年）之际，我返校回了复旦。在看望生病的同班同学李新（李新同学的父亲是新闻系副主任李龙牧，岳父是系主任王中）之后，我们几位同学在李新夫人的陪同下，到上海龙华公墓祭奠了王中教授。

在王教授的遗像前，我们鞠躬、献花。

我在心里一遍遍念叨：“王教授，您生前我未能单独与您见面，今天，我来看您了。我是咱们新闻系的河北学生杨秀国。我一定遵循您的教导，做您的好学生。”

再说说新闻系的其他老师：教授中国新闻史的丁淦林、宁树藩老师；教授新闻采访写作的陆云帆、周胜林、刘海贵老师；教授新闻评论的余家宏、丁法章老师；教授摄影的马棣林、颜志刚老师等。舒宗侨、陈韵昭老师的翩翩风度，我至今还印象深刻。

丁淦林、刘海贵老师，曾到我所在的河北大学新闻传播学院担任过答辩委员会主席或参加学术会议。我还写过一篇《我们该这样称呼老师》的文章，记叙刘海贵老师的到来。

周胜林老师曾到湖南长沙看望并指导过正在实习的我们。

讲杂文写作的林帆老师，当年上课时讲过的一个段子，至今还印在我的脑海里。

他说：有一年，杂文学家们到无锡太湖开会。开始，大家都很客气，上（下）车时相互谦让，谁也不肯先上（下）车，耽误了很多时间。于是，他给大家讲了一个笑话：英国有一位产妇，十月怀胎，该生产了，就是不生。产期一拖再拖。结果，一生生了两个小绅士。问起他们迟迟不肯降生的原因时，两位小绅士的答复竟是在相互谦让。

这个段子，对过度谦让现象进行了善意的嘲讽。从中，我们体会到杂文写作的艺术与技巧：比喻、夸张、举例等。

许多年过去了，不少老师已经作古。他们讲课的内容，也大多已经淡忘。但是，老师们的音容笑貌还在，他们讲课的精髓还在。虽然有形已化作无形（当年没有音、视频），但启发引导式、平等讨论式的教学方法，始终让我受益。

在我以后几十年的高校教学生涯中，我发现一个非常普遍的现象：有些老师，恨不得让学生记住自己讲过的每一句话。他们口若悬河，滔滔不绝，自己口干舌燥，学生疲惫得要命。其实，这种教学方式的效果并不好。

文武之道，一张一弛。一堂课（45 分钟），甚至三堂、四堂课，老师都是用一种语速、一种声调在那里说，缺少变化，缺少案例，学生不打瞌睡才怪。我上课一般都是从案例入手，就案说理。只有讲到概念或观点时，才要求学生记一下。并且，课上还要组织讨论，请学生上台发言，甚至请学生点评等。这样，课堂气氛非常活跃，学生没有打瞌睡或玩儿手机的。

还有，在现实生活中，各级各部门的会议很多。领导干部在台上说，与会者在台下听。其中，有的与会者精力分散甚至打起了瞌睡。此时，领导干部往往进行严厉批评，电视台也跟着曝光。的确，这种现象应该批评。但是，讲话的领导干部是否也应该反思一下：自己的讲话内容为什么不吸引人呢？课堂授课是艺术，开会讲话何尝不是艺术呢？

3. 大学同学对我的影响

同学和战友，恐怕是除家人的亲情之外最重要的两种友情关系。

我的大学同学，大部分来自城市，出身干部家庭的居多。我和少数几位同学来自农村。

前文讲过，在知识面上，我自感不如同学，甚至有些孤陋寡闻（但在有些方面，如前文叙述的农村改革，我又比较了解和熟悉）。所以，我自觉不自觉的，注意向同学们学习（这种习惯，一直保持到现在）。因为，“三人行，必有我师”啊。我时时提醒和勉励自己，向有长处的同学学习。

在同学中，接触最多的是我们学习小组的 9 名同学（包括我）。这 9 名同学，4 名来自上海，四川、陕西、山东、江苏、河北各 1 名。

2017 年 7 月，复旦大学为纪念恢复高考 40 周年，举行了“致高考、忆青春”的征文活动。我以《我的小组我的“家”》为题，写了一篇文章，描写了每位同学的特长、特点和相互之间的友谊（原文见附录）。

每位同学，都对我有或多或少的帮助和影响。

仅举两例：

雷刚同学。

雷刚来自湖北，性格外向、开朗，属于见面自然熟的人。当时，我们男生 7 人 1 个宿舍，共有 7 个宿舍。雷刚的特点是爱串门儿。课余时间，他每个宿舍都要走一走、聊一聊，问东问西，不笑不说话。我们大家都很喜欢他，称他为“包打听”。

雷刚给我起了个雅号：教授。

原因无它，我和著名哲学家、晚年主编《简明中国哲学史》的杨荣国名字相近。

一语成谶（谶：chèn，预言。指本为一句无心的话，竟然变成预言且应验了）。

我的后半生，几乎就是按照雷刚同学的“预言”走的。

虽然我的理想是当记者而不是当教授，但现在来看，在高校当新闻传播学教授也是很不错的。

雷刚同学毕业后一直在湖北工作，最后从湖北广播电视台总编辑岗位退休。

詹国枢同学。

詹国枢来自四川，年长我 5 岁，是我们班的生活委员。他为人低调、朴实，从不记得他和谁大声争吵或争论过。他总是默默地为大家做一些事情，大家都很信赖他。

有一次，詹国枢悄悄把 12 斤饭票递给我，说是他吃不了，剩下的。我再三推辞，因为他也很年轻，怎么可能剩下？最后，詹国枢还是把饭票塞到我手里。

这件事虽然很小，但当时的那种温暖感，让我一直不能忘怀。多年来，我断断续续和詹国枢有些联系。我在《河北经济日报》社工作时，曾找他刊登过河北省省长的访谈文章；他 20 世纪 90 年代送我的带有“经济日报”字样的采访夹，我至今还保留着。（詹国枢曾任《经济日报》社副总编，并曾在河北省保定市挂职副市长）。后来，他从《人民日报》社原编委、《人民日报》（海外版）原总编辑岗位退休后，我专门邀请他来河北大学新闻传播学院做学术报告。他在公众号“码字工匠老詹”中发表的文章，我也拜读得不少。

……

4. 毕业分配：我陷入了焦虑和迷惘

转眼到了 1982 年 1 月，我们 4 年的学业修满，该毕业了。

当时，我们还是由国家分配工作。

“服从国家分配”，是我们的共识，没有二话可说。

但我的分配，却遇到了大麻烦。

河北的毕业生，往年是分往北京的。听说，我最初也是被分配到国家部委。后来，恰好赶上国家精简机构，把我要去的部委精简掉了。

河北，没有接收计划。其他省市，都派人来学校接学生报到了，作为河北毕业生的我，却成了“没娘的孩子”。

按我个人的希望和要求，第一，当然是去北京（就连我年迈的父亲，也最期待我去北京）；第二，回河北，理想单位是《河北日报》社驻沧州记者站。因为，我的家乡吴桥属于沧州地区。去沧州，便于照顾父亲。第三，河北附近地区也可，如天津。

北京去不成，河北没人理，天津也没指标。我陷入了焦虑和迷惘，内心烦躁且空虚得要命。

同班同学罗晓岗提议我去四川（他是四川人，从《四川日报》报业集团总编辑岗位退休），还有的提议我去广东、浙江等地。

如今看来，广东、四川、浙江等都是好地方。可那时是 40 年前，交通很不便利。比如，从我家去一趟广州，单是坐火车，就要两天两夜。再加上转车，时间会更长。还有一条，职工的年休假只有 12 天，一来一回，就要快一周时间。这样一盘算，我打消了去外省的念头。

题外话：如果是今天，我会毫不犹豫地选择广州、浙江或四川。可世界上没有“如果”这种假设。

其他同学陆陆续续、高高兴兴地走了，宿舍里只剩下了我。

无法排解心中的烦闷，我只好“出走”。

走到哪里去？我沿着复旦校园东侧的国定路一直往北、往北。

那时，复旦属于上海宝山县地界。校园往北不远，就是荒郊野外。我来到一条小河边。此时，河里的水已结了冰，我坐在河边的枯草上，心里倍感凄凉。（这个阴影，一直笼罩了我多年。我经常扪心自问：为什么不到系里找找管分配的老师，诉说一下我的愿望和要求，并寻求老师的帮助？我为什么那么傻，只被动等待而不主动询问？稍稍令我欣慰的是毕业35年后的一次返校时，我终于见到了当年负责学生分配的老师。我向他袒露了我那时的心迹，算是了却了一桩心事。）

最终，班里的张老师告诉我，已与河北省计委取得联系：河北大学中文系正在创办新闻专业，把我分配到河北大学中文系。

此时，我一百个不情愿。我的理想是当记者，到新闻单位去。我压根没想过当老师。可是，时间已到了年底（农历腊月二十五），不能再等待了。

1982年1月20日，星期三，农历腊月二十六，我万般无奈地乘火车离开了复旦，回到了家乡吴桥……

第四章　河北大学——十年磨一剑

1982 年 3 月 12 日，我绕道北京（绕道石家庄也可以，但特意绕道北京，也含着与北京告别的意思），来到了位于保定的河北大学。

在学校人事处报到时，遇到了同班同学焦国章（他是河北平山人，长我 7 岁。河北在复旦新闻系毕业的 1977 级学生，只有我们两位）事先并无约定，纯属不谋而合。之所以记得 3 月 12 日这个日子，是因为恰好是植树节。

人事处的一位老师特意告诉我："是我到省计委（省计划经济委员会）把你们要来的。"言外之意，有点儿"表功"的意思。我却不领情，心里暗想：要不是你多事，我还来不到这里呢。你以为我愿意来呀。

从 1982 年来河北大学，到 1992 年离开河北大学，我在河北大学工作和生活了整整 10 年。其中，酸甜苦辣，种种滋味都有。

一、初到河大，怎一个“灰”字了得

刚到河北大学时，我眼里的一切，都是“灰”的。

下火车、坐汽车。走到建新街（现在的莲池北大街）时，中间是柏油马路，路两边是黄土便道。挨着便道的，是两米多高的灰色砖墙。

此时的保定，最高的楼是6层，平房比比皆是。这与上海的高楼大厦形成了鲜明的对比。

河北大学，被一条称为“合作路”的马路，分成南北两院。南北两院各有一座斜楼（东北西南走向）。南院的斜楼，是中文系、经济系和哲学系教学楼。现在，北院的斜楼早已拆除，南院的斜楼（第7教学楼），经过装修后仍在使用。

楼是斜的，路自然不正。有外校教师来，戏称河北大学是“歪门邪道”。

这里，有必要简要介绍河北大学的前世今生。

河北大学是一所综合性大学，1921年建于天津市（2021年百年校庆），1970年迁至河北省保定市。校名先后为天津工商大学、天津工商学院、津沽大学、天津师范学院、天津师范大学。1960年，定名为河北大学。

河北大学为什么迁往保定？这与河北省省会的数度搬迁有关。

保定，从清朝初年开始，便是直隶总督署所在地。近300年间，保定与北京、天津并称为“京津保”金三角。1950年后，保定与天津轮流当河北省省会（据介绍，北京也曾做过河北省省会）。几经折腾，1968年，刚刚从天津迁往保定的河北省省会，又从保定迁往石家庄至今。可河北大学却再也迁不动了。

河北大学的南北院，曾是河北省政府的旧址。

40年前的河北大学，不但布局凌乱，建筑物陈旧，到处是一片暗灰色，更令我心情发“灰”的，还有几件事。

1. 4个学新闻的，3个来了河大

恢复高考后的1977级，河北省共有4人学新闻。其中，2人毕业于复旦大学，2人毕业于北京大学，都是名牌大学。这4人中，3人到了河北大学（除了我和焦国章，还有北京大学的李广增），另一位北大的毕业生，据说去了邯郸地区劳动人事局，没有一位到新闻媒体的。河北省对人才的重视程度，由此可见一斑。

2. 河北大学毕业生，有的去了省报和新华分社

这一点尤其令我懊丧。3月12日，我报到的那一天，恰好赶上河北大学毕业生离校。一打听，有的中文系毕业生竟然分配到了新华社河北分社或《河北日报》社等新闻单位。我当时的心情，用现在的话形容，就是5个字：羡慕嫉妒恨。

3. 第一次例会：教学经验交流会

到中文系之后的第一次例会，是在南院斜楼（第7教学楼）召开的教学经验交流会。其他老师觉得再正常不过的例会，我却如坐针

毡，心里七上八下地不是滋味。我想，我应该是在新闻媒体参加采访、编辑之类的会议。现在，怎么开起教学的会议了呢？

理想很丰满，现实很骨感。希望越大，失望越大。

现在回想起来，初到河北大学的那段日子，与环境固然有关，但更重要的，是我的心态。“情人眼里出西施”，不是情人，抑或是仇人呢？那就只能是“东施”，或干脆就是丑八怪了。

既然无法改变环境，那就只能改变自己。

既来之，则安之。

我把当记者的想法埋进心底，开始投入到新闻专业的创办和建设中去。

二、新闻专业崭露头角，影响越来越大

1982年秋，河北大学中文系新闻专业开始招收第一届新生，这在全国是比较早的。

首任教研室主任是谢国捷先生。

在我眼里，谢先生属于长辈。据了解，谢先生生于诗书传家的书香门第。其兄谢国桢是国内著名的明史专家，其弟谢辰生是文物界权威。谢先生自己，对金石书画、拓片碑帖、瓷器瓦当等也很有研究。

那时，我经常到谢先生家去，见到摆放的瓦当。只是我不太懂，不敢多问。

新闻专业教师可谓老中青结合。除了谢国捷先生，还有吴庚振

(后来担任教研室主任、新闻系主任)、崔福隆、张松之、王瑞堂、乔云霞、郝春荣、申德纪老师。再加上刚刚分配来的焦国章、李广增和我，教师队伍也算兵强马壮。

我是新闻专业教师中年纪最小的（当时 28 岁），担任新闻采访写作课的教学。

题外话：若干年后，我成为新闻传播学院年龄最长的在职教师。在一次即兴讲话中，我刚开口说道，我是 1982 年春天来到河大的，台下便爆发出一片笑声和阵阵掌声。原来，大家联想到歌曲《春天的故事》里那句歌词“1979 年，那是一个春天”了。

那时，新闻专业招生 30 人。主要的专业课程，如新闻理论、新闻史、新闻编采、新闻摄影等，由新闻专业教师主讲。汉语言文学、基础写作等，则由中文系和其他系的老师主讲。

在我的印象中，新闻专业最突出的亮点，就是依托省市新闻媒体，建立学生实习基地。以《河北日报》社为例：每年，河北大学新闻专业 1/3 以上的学生，都会由 1 名教师带队，到《河北日报》社实习锻炼。每名学生，报社都会指派 1 名记者，进行“一对一”式帮带。新闻专业与媒体，关系紧密得像一家人。

不仅如此，省市新闻媒体评好新闻、评职称等，都会邀请新闻专业教师参加。

这里，我还要感谢吴庚振老师。他曾两次带我参加全省报纸系统的好新闻评选。也许是高校比较超脱，也许是为了锻炼年轻人，在两次评好新闻中，我担任过一次通讯组组长，担任过一次评委会副主任。

这两次参评，我结识了《河北日报》社总编和各地市的报社老总。尤其感到荣幸的是两次评选结束后的述评都是由我来执笔写作。也正是通过这两次参评和撰写述评，《河北日报》社的领导们对我留下了较好的印象。

那时的河北大学中文系新闻专业，内强基础，外联媒体，可谓蒸蒸日上。在全国新闻传播界，开始崭露头角，影响越来越大了。

三、请校长当“模特”，骑自行车采访，我锐意创新

在我10年的教学生涯中，我不甘平庸，努力把理论与实践结合。竭尽所能，让学生掌握点儿真才实学，是我的初心和奋斗目标。

新闻采访写作课的实践性很强。光讲不练，犹如隔靴搔痒。于是，我加大实践力度，让学生在比较真实的场景中，获得采访与写作的体验。

1. 模拟记者招待会，校长成了采访对象

为了创造逼真的采访环境，我在1986级新闻班搞了两次“模拟记者招待会”活动。

31名学生，分别扮演成中央和地方新闻单位记者，如《中国教育报》《中国青年报》《人民日报》等，其目的是让学生有一种实战意识。同时，也选择一家自己最喜欢的单位。然后，请来省级新闻单位驻保定记者站的记者和保定当地的记者。一时间，“长枪短炮”聚集，

现场气氛十分浓郁。

那么，谁来当采访对象呢？

最合适的采访对象，莫过于河北大学校长。因为之前我就要求过学生：在记者招待会上，你们的身份不是学生，而是来自不同新闻单位的记者。你们代表新闻单位（那时，更习惯称新闻单位，而不是现在的媒体）提出最适合的问题，写出各自最有特点的稿子。

感谢于善瑞校长。

她在听了我的邀请意图后，没有迟疑，便很爽快地答应了。在模拟记者招待会上，英姿飒爽的于校长对答如流，侃侃而谈，一点儿也没有校长的架子。学生们也很像“记者”，提出的问题甚至有些尖锐。“模拟记者招待会”活动很是成功。

会后，我当即对 30 多个问题进行点评，指出哪些问题提得比较恰当、中肯，哪些问题则有些过于琐碎或过于空泛。不仅如此，我又要求大家将本次活动写成新闻稿，再一次逐篇点评。

这次活动，学生们反映特别好，学校有关部门甚至出了《简报》。

2. 骑自行车采访保定南部 10 县，行程千余里

人，是需要有一股激情、一点儿精神的。

那时的我，不知哪儿来的劲头，总想把教学搞好，把学生培养好。

1988 年暑假，我策划了一次“骑车保定行”活动。

活动目的，就是我带领部分同学，骑自行车采访保定南部 10 个县。如果成功，第二年再采访保定北部 10 个县（保定地区共有 22 个

县）。通过骑车采访，学生得到锻炼，我也能过一把当记者的“瘾”。

报名的同学很多。因为是骑自行车，有诸多不便，我最终选定了两名男同学：冯新明和赵树志。

7 月下旬，我们师生 3 人，带着气筒、塑料布（防雨），从保定市区出发，向东南方向的高阳进发。之后，向南、向西，沿途采访了蠡县、博野、安国、定州、曲阳、唐县、顺平（此时称完县）、望都、清苑。每个县平均 3 天。10 个县正好一个月，行程千余里。

采访时没有线索，每到一地，我们基本上都是先与县委宣传部联系，或根据沿途的见闻，临时决定采访内容。幸亏我是学新闻的，也幸亏我出身农村，对县情比较熟悉。所以，新闻敏感还是比较强的，比如我们到安国采访。安国是全国知名的中药材集散地，在发展规模经营、壮大县域中药材经济方面存在什么困难和问题，他们又是如何克服困难、化解难题的？我们就这些问题，找商户谈，找有关部门谈，找县政府领导谈，从而获得了大量的第一手材料。稿子写成后，送到《保定日报》，被刊登在头版头条。

1 个月下来，我们采写的新闻稿件，1 篇被《河北电台》午间新闻播出（第 2 条），9 篇在《保定日报》头条或头版刊出。一时间，《保定日报》头条的采写者，形成了难得一见的河北大学现象。

骑车采访途中，也有许多乐趣：走着走着，一阵急雨袭来。我们忙不迭地披上塑料布，但衣服还是被淋湿了。好在是夏天，一会儿就干了。此时，我们穿行在柏油公路上，雨后的柳树、杨树等，树干是黑色的，树叶是绿色的，好像一幅泼墨画，煞是好看。

3. 两位同学“挨”了我一回批

这是骑车采访中的一个插曲。

那是在蠡县。中午，县长听说河北大学新闻专业的师生来了，特意在县招待所的一间屋子里招待我们。我和县长并肩走着，两位同学在后面跟着。因为天热，屋子挂着挡苍蝇的塑料门帘。我和县长紧走两步，各自撩开门帘，请对方进入。这本是一种礼貌和客气，没想到，两位同学竟大大方方地先进去了。

这件事让我非常恼火。当时不好发作，回到房间后，我把两位同学狠狠批评了一顿。

两位同学赶紧道歉，说他们真不知道该怎样做。我知道他们是无心的，借机把一些交际场合必要的礼仪讲给他们听。后来，冯新明同学在《中国记者》杂志上，就此次采访发表了一篇文章《风雨 20 多天的酸甜苦辣》。

世事洞明和人情练达，也是记者必须具备和掌握的。自此以后，我在教学中格外注意有关社会知识的传授。我认为，新闻工作者决不能成为一个书呆子。不但智商要高，情商也要高。否则，是不可能担负起“社会活动家”这个角色的。

可能是因为我比较努力吧，1985 至 1986 年，1987 至 1988 年，我连续两个学年，获得系级教学优秀奖。1987 年，我还被评为优秀学生思想政治工作干部。

四、艰难的调动

一晃，我到河北大学已经快10年了。

这10年来，我当记者的“理想之火”始终没有熄灭过。

我认为：我学新闻，新闻的理念已经融入我的血液中。如果自己不去实现这个“梦想”，人生终究是一个缺憾。还有，没当过记者的人，就来教授采访写作，未免有些“纸上谈兵”。

于是，我想到新闻单位当记者的心再次开始萌动起来。

此时，恰好发生了一件事，逼得我加快了调动工作的步伐。

那是1990年，我到学校房管科向一位科长谈了谈调整房子的事情。我说道：“我住厕所改造的房子已经6年了。6年来，我们一家三口，挤在这冬冷夏热的斜房子里，如果可能，请给我调整成坐北朝南的平房。”

这里需要说明：我此时住的地方，被称为“河大北院斜7排”。之所以说是斜7排，是因为有一道东北西南走向的院墙，把河北大学与外单位分隔开。我住的房子，紧贴院墙，位于两排平房之间。由于是厕所改造而来，房子下半部用水泥抹成。夏天还好说，一到冬天，床上铺的垫被又潮又湿。并且，由于房子是斜的，冬天生炉子取暖时，烟囱总往屋子里灌风，中煤气的风险时时存在。

6年来，我从未向学校有关部门提过换房子的事。平心而论，我已经考虑到学校住房紧张的现实，算得上是个好职工了。

没想到，我从房管科刚回到家，中文系办公室张主任的电话就到了。他问我，你怎么到房管科闹事去了？房管科刚来电话，告了你一状。

我懵了。房管科是“大爷”，是“衙门”，谁敢不求？我第一次去房管科，不说低三下四吧，至少也是平心静气。我敢“闹事”吗？

又委屈、又愤怒，一股火气从心底升起。

我要调离河北大学，我要到新闻单位去。

1. 忽然之间，我成了“人才”

调动工作，至少要经过三道关口：新闻专业、中文系和学校。

我找到中文系。主任说，别人调动可以，你不行。你是骨干，是人才。

我找到学校人事处。处长说，这事没商量。

我反复陈述理由。我说，新闻专业已经有几届学生毕业，他们多数都在石家庄的省市级新闻单位工作。我调去石家庄，可以把咱们河北大学的毕业生组织起来，宣传河北大学，这样不是更好吗？

处长一脸漠然，就是不开口。

我欲哭无泪，甚至觉得有些好笑：我怎么突然成了“人才”了？既然是人才，为什么住了6年“厕所”无人过问，我一去房管科反映困难，就成了“告状”？还有，我一直申请入党，可入党的事也被搁置？我想不通，心里笼罩着一团阴影。

2. 接收单位也出现了“变故”

《河北日报》社的领导一直很欣赏并器重我。我最想调去的新闻单位也是《河北日报》社。但在1990年，交通、通信条件很不便利。打个电话，要到市邮电局电话亭排队。几次过后，《河北日报》社有关领导告知我，由于住房、职务不好安排，暂时不能接收。

我明白，住房和职务是一种托词。真实原因，我自己也很清楚，只是不便于讲出来罢了。

3. 校办室主任的诚意，让我温暖异常

正当我进退两难、分外纠结时，河北大学校长办公室主任找到我谈话。

主任告诉我，已经了解到我的情况，准备安排我到校办室工作，先任秘书科科长。然后，准备接替她。主任还告诉我，只要好好工作，入党、职称晋升等，都不是问题。

主任的信任，让我倍感温暖。正是“良言一句三冬暖”啊！

不过，我还是婉言谢绝了。此时，我已经打定了主意，有点“九头牛也拉不回”的劲头了。

多年以后，有朋友告诉我，如果我当年不走，现在很可能是副校级领导干部了。我说，我并不后悔。我实现了自己的理想，值了。

4. 关键时刻，刘克仁总编帮了我

正在我焦头烂额、几近绝望时，《河北经济日报》社总编辑刘克仁向我伸出了援助之手。

我与刘总编并不熟悉，也没有过任何交往。不知他从什么渠道知道了我，觉得我是个“人才”，便通过主管教育的省领导调我去《河

北经济日报》社。一通百通。此时，河北大学一路绿灯，我顺利办理了调动手续。不到一年，我爱人也从河北大学图书馆调往河北省档案局（馆），孩子则转学到了石家庄维明路小学。

《河北经济日报》创刊于1980年，原是省计划经济委员会下属的一份名为《市场报》的报纸。在以经济建设为中心的大形势下，《河北经济日报》升格为省政府机关报（副厅级）。1992年，河北省的《河北日报》《河北经济日报》和河北电台、电视台，并称为“两报两台”。

我终于如愿以偿，于1992年3月到了石家庄，实现了自己当记者的梦想。

尽管调动费尽周折，尽管中间经过了整整10年。

后来，重回河北大学，一些本、硕、博毕业生往往求教于我：找工作太难了。想去的地方去不了，能去的地方专业不对口，怎么办?

这时，我往往会结合自己的经历告诉他们：哪里都缺笔杆子，都需要对外传播（或宣传）。只要心中有梦想，就不怕。虽然去不了媒体，仍然可以“不忘初心”，发挥自己的专长与特点。请记住，你的优势是别人没有的，你发挥出来了，你就是不可替代的。

第五章 《河北经济日报》社
——累并快乐着

在《河北经济日报》社，我工作了11年。如果再加上我在保定记者站（兼职）当站长的两年，共有13年。

在《河北经济日报》社，我的职称从开始时的记者（中级），干到了主任记者（副高）、高级记者（正高）；职务则从副科干到了正处级。

在《河北经济日报》社，我全身心地投入工作，累并快乐地生活着。

一、条件虽简陋，内心很充实

1992年的《河北经济日报》社，租用部队的修理厂办公。一座大院，北面是两层的编辑部楼，西侧是仓库，东侧是几间平房。我和同样刚刚调来的社办室主任（副社长）吴梦达，就住在东侧的一间平房里。

远看近看，此时的《河北经济日报》社编辑部，都像是一家规模不大的乡镇企业。

可是，正处于创业和发展期的报社，却能凝聚人心。别看条件简陋，人们的心气儿却很高，精神状态也相当不错。

《河北经济日报》社的同事们，左三为作者

我还清楚记得：1994 年春节，报社总编刘克仁亲自拟定了一副对联，贴在报社大门上。上联是“别看条件差艰苦奋斗创伟业”，下联是“莫说人手少众志成城谱新歌”，横联是“力争上游”。

初到报社，我在二楼的总编室办公。

晚上，时常要和总编、副总编们一起值夜班。

1. 东方风来满眼春——我最先闻到思想解放的气息

那是 1992 年 3 月 30 日的夜晚，我和田冰副总编一起值夜班。

将近半夜时，新华社全文播发长篇通讯《东方风来满眼春——邓小平同志在深圳纪实》。

按照田副总编的要求，我先浏览了一下稿子，觉得特别重要，便建议在头版头条位置刊出。

这篇通讯，虽然刊播时间已经过去了 30 年，但当时对我的震撼，至今还不能忘记。

通讯中，报道了邓小平关于解放思想、共同富裕、改革开放的一些重要观点。

比如，关于社会主义本质：“是解放生产力，发展生产力，消灭剥削，消除两极分化，最终达到共同富裕。”

比如，关于共同富裕：“一部分地区有条件先发展起来，一部分地区发展慢点儿，先发展起来的地区带动后发展的地区，最终达到共同富裕。”

再比如，关于改革开放：“改革开放胆子要大一些，敢于试验，不能像小脚女人一样。看准了的，就大胆地试，大胆地闯。没有一点儿‘冒’的精神，没有一股气呀、劲呀，就走不出一条好路，走不出一条新路，就干不出新的事业。”

新华社全文播发的《东方风来满眼春——邓小平同志在深圳纪

实》，后来被称为新闻界思想解放运动的标志性事件。

我也从这篇通讯里，获得了新的认知，眼界变得豁朗起来。

2. 参与撰写系列评论，鼓动思想解放浪潮

河北，解放思想从哪里入题？

刘克仁总编亲自谋划了系列评论。

系列评论共 6 篇，分别是：

《选择在“名”与“实”之间》

《权衡在“冷”与“热”之间》

《飞跃在“事”与“是”之间》

《决策在“冲”与“守”之间》

《得失在“合”与“分”之间》

《决胜在“新”与“旧”之间》

这组评论，仅从标题就可以看出是关于解放思想、转变观念的讨论。1993 年，《河北经济振兴大纲》开始实施。那么，在振兴河北经济的过程中，会遇到哪些矛盾和问题？有哪些必须破除的陈旧和僵化观念？不把这些分析清楚、揭示明白，新闻评论就缺乏战斗力，河北经济振兴就很难落到实处。

记得刘克仁总编在和我讨论这些评论题目时说：“河北，只出经验，不出效益。”

“河北，东部的区位、西部的观念、中部的发展。”

……

刘总编接着解释道：“河北，毗邻京津，属于沿海省份，具有天

然的区位优势。但是，河北人的观念，却比较保守和僵化。务虚多，务实少。比如，近期在全国推出的‘经验’和‘典型’，不是锐意创新、发展经济的，而是某地办黑板报的。石家庄，被戏称为‘左家庄’‘土家庄’。河北人到南方学习取经，开始时热血沸腾、摩拳擦掌，准备大干一场。回来后，不出半个月，就心灰意冷、悄无声息了。所以，振兴河北经济，绝不是喊几句口号那么简单。根子在思想，关键在干部。”

和刘总编相处的日子里，我受益匪浅。

我认为，作为新闻媒体人，一是要敢于讲真话、说实话。这是媒体人的担当和责任。二是要有眼光，要看得清、抓得准。看不清，那叫瞎说；抓不准，那叫白说。

由于这组评论抓住了制约河北经济振兴的要害性问题，没有回避矛盾，敢于直面问题，刊发后引起了比较强烈的反响。省委、省政府领导也给予了充分肯定。

在我印象中，《河北经济日报》的系列报道也搞得有声有色。

比如，在全省“经济建设大合唱”中，针对“市场疲软综合征”开展讨论，并随后推出“勇敢地迎接市场挑战”一组 10 篇报道（其中，我采写了通讯《跃上葱茏四百旋——化工部第一胶片厂开拓市场纪实》。该栏目获得河北省好新闻一等奖）。

比如，围绕省委省政府提出的环京津、环渤海的“两环”战略，报社派出记者分赴有关地区采访，以“两环求索”为栏题，连续编发了《高瞻远瞩看“两环”》等 6 篇报道。

上述评论、专题等报道，紧扣省委省政府提出的解放思想、发展经济、振兴河北战略，突出重点、形成拳头，在河北干部和群众中产生了较大影响。并且，报道文风泼辣，不粉饰、不谄媚，一时间，也在河北新闻界形成了讲真话、说老实话的独特风格。

我在这些报道活动中，既编又采，忙得不亦乐乎。尽管工作条件艰苦，但内心却十分充实和快乐。

二、发挥策划专长，我拿下了几个大奖

一提策划，有人就自觉不自觉地把它和胡编乱造、弄虚作假联系在一起。其实，这是不对的。

2012 年，我出版了一本专著《新闻报道策划》（《人民日报》出版社 2012 年 8 月第 1 版），对新闻报道策划进行了系统研究。

我认为，新闻不可策划，报道则可以策划。理由很简单：新闻是报道事实的，一就是一，二就是二。但怎样报道，先说什么、后说什么，是由点到面，还是由面到点，则必须进行谋划与设计。这个谋划与设计，就是充满创造性地策划。

在《河北经济日报》社工作时，我比较自觉地运用报道策划，并取得了显著效果。

1.《省城菜价大追踪》——为百姓餐桌鼓与呼

那是 1996 年 4 月的事情。

当时，我在报社记者部当主任。中午下班后，我提着篮子到石家庄市桥西区城角庄农贸市场买菜。一打听价格，青椒每斤 5 元，黄瓜

每斤5元，西红柿每斤4.5元，只有土豆最便宜，每斤0.7元。我转来转去，心里盘算着、犹豫着：不买吧，没菜吃；买吧，菜实在太贵，有点儿买不起（那时，我每月工资只有几百元）。结果，只买了2斤土豆回家。

第二天，我继续去买菜，碰到的仍是同样的问题。这时，一个疑问在头脑中闪现了一下：早已经过了正月十五，往年这个时候，蔬菜价格都已经回落到春节前的水平，今年是咋回事呢？是不是别的市场会好一些？于是，我又转到附近的北杜市场、西里市场，一打听，价格都差不多。

头脑中的疑问更强烈了。不经意间，我又听到两位中年妇女的对话。一位说：“今年这菜贵得邪乎，咋回事呢？”另一位说：“照这样下去，咱光吃土豆得了。”

不但我感觉菜贵，还有很多人也感觉菜贵，这说明，蔬菜价格高是个普遍性的问题。何况，我当时的工资水平在石家庄市属于中等偏上。一般的市民，对菜价的承受能力就更差了。

众所周知，蔬菜的价格涨落有个规律，就是春节期间上涨，春节过后尤其是元宵节以后，价格就会自行回落。1996年元宵节后蔬菜价格仍居高不下，这其中必有缘由。

蔬菜从种植、运输、批发、零售再到市民餐桌，中间要经过若干环节。这些环节，构成从生产到消费的完整链条。哪个环节出了问题，都要影响这个链条的终端，即消费者。我决定从各个环节入手，探讨菜价居高不下的缘由。于是，一个“省城菜价大追踪”的选题，初步成型了。

我把这个想法以及初步方案向总编辑刘克仁做了汇报。刘总编也认为菜价关系到千家万户，是个涉及民生的大问题。于是，快速拍板同意了我就此所做的报道策划（当时还叫报道计划）。

第1篇报道《买菜者说：菜贵得邪乎，吃不起了》（记者李新民），于1996年4月11日，在头版加编者按发出。文末特别注明：（下期请看——《卖菜者说：俺不是那定盘的星》）。紧接着，又先后刊登了《批菜者说：赚少赔多，这活儿不好干了》《种菜者说：俺收入高，投入也高》。

由于菜价高是城市居民的共同感受，所以，报道一经刊出，便引发热烈反响。热线电话连续不断。

更没想到的是：河北省委主要负责人，在刊登首篇报道的报纸上，作了批示：请石家庄市委和主管财贸的省政府领导抓紧解决此事。

于是，石家庄市委、市政府领导连夜召开党政联席会，研讨降低菜价的办法；省政府一位副省长，则带队到省物价局现场办公。

这样，就产生了第5篇报道《党政官员说：齐心合力降菜价》，第6篇报道《本报记者说：菜篮子牵动众人心》和第7篇报道《“绿色通道”有待疏通——蔬菜运输中乱收费现象检查纪实》。

由7篇报道构成的这组系列报道，有规模、有影响。特别是省委主要领导批示后，各方重视，促进了蔬菜价格的回落和绿色通道的建设，为解决“菜园子”“菜篮子”等问题发挥了重要作用。

那么，石家庄的菜价为什么居高不下呢？

一是因为外地蔬菜（主要是海南）在运输过程中，车皮涨价，存放场地涨价。

二是因为本地蔬菜（高邑、藁城等周边县市）难以进城，乱收费、乱罚款现象比较普遍。

石家庄又采取了哪些降价措施呢？

第一，建立绿色通道。凡是运输鲜活农产品的车辆，凭绿卡免费通行。

第二，避开繁华地带。将石家庄蔬菜批发市场，从原火车站附近迁移到西二环一带，避开交通拥挤的市区繁华地带。

值得回味的，是在这 7 篇报道中，我不但全程策划（几篇稿子的题目也是我确定的），而且直接采写了其中的 3 篇。为了了解蔬菜批发市场的价格，我清晨 4：00 就骑车去了批发市场，逐一询问各种蔬菜的批发价；为了了解本地菜农的蔬菜种植情况，我又骑车到郊区，钻进蔬菜暖棚，现场与菜农交流，从而获得了宝贵的第一手材料。

我和记者部的同事

同样值得高兴的是，《省城菜价大追踪》系列报道，获得了河北省好新闻一等奖和河北省“五个一工程”奖。

2. 策划“十看”，助力河北县域经济形成特色

2002 年 4 月，我到石家庄新乐市采访，了解西瓜种植和销售情况。

不到新乐，就无法体验这里的西瓜种植规模有多大。那简直就是大棚的海洋、西瓜的世界。据统计，全市种植面积足有 8 万亩，年产西瓜 5 亿斤。也就是说，每 3 个中国人中，就有 1 人每年能吃上 1 斤新乐西瓜。

小小的西瓜，在新乐成了大气候，成了带动农村经济发展和农民增收致富的产业。那么，这其中有什么奥妙？我看瓜棚、访瓜农，并和有关部门的技术、销售人员座谈。然后，写了《新乐看瓜》的通讯，在 2002 年 4 月 8 日的《河北经济日报》头版头条刊出。

通讯提出并回答了 3 个问题，分别是：瓜是怎样变多的？答案：典型引路加科技示范。瓜是怎样管好的？答案：搞嫁接，上棚膜，促进西瓜增值。瓜是怎样卖出的？答案：建市场，辟通道，培育经纪人队伍。

通讯刊发后，反响很热烈。有的县市主动与我联系，希望也到他们那里去“看”一下。

当时，河北省委、省政府提出：要着力发展县域经济，形成特色产业。省长到《河北经济日报》社指导工作时，再次强调，“县域经济要吃特色饭”。

那么，能不能乘势而上，从“看”入手，再搞一组反映县域特色经济的系列报道呢？

我又紧锣密鼓地进行了策划。

首先，从全省“名优特”（著名、优质、特色）农副产品中选出 10 种有代表性的农副产品；其次，挖掘每种农副产品与市场、品牌、质量等的内在联系。最后，形成策划方案（详见附录 A）。

附录 A：

“看亮点，话特色”报道策划方案

（一）策划意图

按照省长提出的“县域经济要吃特色饭”的要求，集中反映农业结构调整形成的区域特色，宣传某一产业的培育过程、规模优势、带动作用、效益情况，以及发展中需要解决的问题。

（二）栏目设置

拟开设《看亮点，话特色》专栏，固定在一版报尾刊发，每周 2 至 3 篇。

（三）报道要求

1. 记者要实地采访，一线写真，突出看点与亮点。

2. 选准切入点，在小题目上做大文章。

3. 选好角度，以记者的独特视角去观察分析问题，力求出新出彩。

4. 报道要有深度，切忌面面俱到，防止搞成纯经验式报道。要敢于挖掘带倾向性的问题，能给人以启迪。

5. 文风朴实，深入浅出，叙事明理，使各篇风格保持一致。

每篇字数在 3000 字以内。

（四）采写题目、人员及时间安排

1.《黄骅看“草”（苜蓿）》

采写人：×××，沧州记者站配合，7 月 30 日前交稿。

2.《沽源看“羊”》

采写人：×××，张家口站配合，8 月 5 日前交稿。

3.《安平看“猪”》

4.《张北看“牛”》

5.《深州看“桃”》

6.《泊头看“梨”》

7.《赞皇看“枣”》

8.《望都看“椒”》

9.《卢龙看“薯”》

10.《定州看“菜”》

（五）组织领导

杨秀国同志为该策划牵头人，并负责稿件的组织编辑工作。

这组系列报道，从采访到刊发，用了 1 个月时间。每周 2 至 3 篇。每篇的主题及揭示的主要问题如下：

1. 黄骅看“草”（苜蓿），主要反映农产品的深加工以及出口增值。

2. 沽源看“羊”，主要反映扶贫模式的精准问题。

3. 安平看“猪”，主要反映规模养殖。

4. 张北看“牛”，主要反映退耕还牧和比较效益。

5. 深州看“桃”，主要反映名牌果品的质量问题。

6. 泊头看“梨”，主要反映果品商标问题。

7. 赞皇看“枣”，主要反映分散加工和集中经营问题。

8. 望都看“椒”，主要反映产品包装问题。

9. 卢龙看“薯”，主要反映农产品标准化问题。

10. 定州看“菜”，主要反映蔬菜无公害问题。

这 10 篇报道，所提出或揭示的问题，都有一定的倾向性和代表性。对于县域特色经济的形成，起到了助推作用。报道刊发后，省委省政府领导也给予了充分肯定。

在《河北经济日报》社工作的 10 多年里，我历任记者部、要闻评论部和总编室主任。除了管理和编辑工作，我也抽时间下厂下乡采访。其中，一些作品获得了省级和中央有关部门的奖项（详见附录 B）。

附录 B：

获奖篇目（共 24 项）

题目	体裁	获奖等级	颁奖单位	日期
《望都以辣椒为媒促经济发展》	消息	一等	省记者协会	1992
《勇敢地迎接市场挑战》	专栏	一等	省好新闻评选委员会	1992
《摊派，把他们推向深渊》	通讯	一等	省好新闻评选委员会	1994
《竖起一面奉献的旗帜》	通讯	一等	省好新闻评选委员会	1994
《高邑县选“官”重实绩》	消息	一等	省好新闻评选委员会	1995
《河北经济大纲实施一年间》	专栏	一等	省好新闻评选委员会	1995
《省城菜价大追踪》	通讯	一等	省好新闻评选委员会	1997
《这里的“大马”拉“小车”》	通讯	二等	省记者协会	1993
《抢抓机遇建设经济强省》	评论	二等	省记者协会	1994
《乐凯：风雨名牌路》	通讯	二等	省记者协会	1996
《入乡随俗访实情》	系列报道	二等	省记者协会	1996
《鸡泽县计划生育严重失控》	内参	二等	省记者协会	1997
《精神文明建设这一手为啥总是不硬》	述评	二等	省政协	1994

续表

题目	体裁	获奖等级	颁奖单位	日期
《提案上，委员们写了些什么；会场上，委员们说了些什么》	通讯	二等	省政协	1996
《众委员深情凝在提案中》	通讯	二等	省政协	1997
《“保护神”与“铁榔头”》	通讯	二等	中央综治委	1994
《放心．称心．担心》	通讯	三等	省评选委	1991
《“八品官”赶考》	特写	三等	省评选委	1992
《既要敢热，又要热到点子上》	论文	三等	省评选委	1997
《一份由农民自己撰写的调查报告》	通讯	三等	省评选委	2000
《五旬农妇孙桂兰孜孜不倦学英语》	消息	三等	省评选委	2002
《国企如何做好增效文章》	评论	三等	省政协	1997
《枣强敞开收购农民余粮》	消息	三等	中国经济信息报刊协会	1998
《西瓜贴着标签卖》	特写	三等	中国经济信息报刊协会	1999

三、新闻无小事——时刻紧绷“安全”弦

在新闻媒体工作，最重要的是责任感要强，不出差错，尤其是不出政治差错。

我在要闻评论部和总编室工作时，因为每天要报道会议和领导同志的重要活动，涉及领导干部的职务、排名以及条位、版次安排，就更要慎之又慎，丝毫马虎、大意不得。

为此，我总结了 16 个字的体会或感悟。那就是：提心吊胆、战战兢兢、小心翼翼、如履薄冰。

1. 领导职务弄错了，吓得我出了一身冷汗

“常在河边走，哪有不湿鞋”这句话，真是有道理。

不过，在新闻媒体工作，就是要慎之又慎、细之又细。马马虎虎、粗枝大叶，就会出事故。

采访、写作、编辑、校对，任何一个环节不细致，差错就会乘虚而入。文字、图片等差错还能补救，领导的职务、姓名等弄错了，那就很严重，就可能成为政治事故。

有一次，一位记者交上来一篇会议报道的稿子。其中，在提及领导的职务时，出现了差错。正确提法应该是：省委副书记、省长×××。稿子却写成：省委常委、省长×××。

这个差错非同小可。省委副书记和省委常委，完全不是一回事。一般读者或许不太在意，但稍有政治常识的人，就会非常敏感，以为领导职务可能调整了。

可是，这个明显差错，却没有被发现。记者、编辑、校对等几道关口，都轻而易举“闯”过去了。

我在审读报纸大样时，猛然发现了这个错误，顿时惊出一身冷汗来，心扑通扑通跳成一团。

我当即把写稿的记者找来，问他怎么回事。记者也吓了一跳。但他还抱有侥幸心理：反正有编辑、校对把关嘛。我不好说得太狠，只好再次提醒他一定要认真负责，不能再犯这样的错误。

此时，我是总编室主任，与我同时值夜班的编辑、校对有十几人。我把大家召集在一起，很严肃地指出了这件事情的严重后果。同

时，“亡羊补牢”，立即采取补救措施：把省委、省人大、省政府、省政协四大班子领导的职务、姓名，制成表格，编辑和校对人手一份。此后，这样的差错就少多了。

我和总编室的同事研究稿件

2. 某位领导的名字出了错，我跑去道歉

还有一次，由于我只顾着和一位老校对谈话，审核大样时有些匆忙，不够细致，结果，把某位省领导的名字弄错了一个字。第二天早晨发现时，为时已晚，报纸已经发出去了。

这还了得！

值班副总编马上叫上我，一起到省委省政府大院，找那位领导道歉。

幸运的是，那位领导同志很宽容。他没有追究我们的责任，只是提醒我们，要汲取教训，防止此类事情的再次发生。

3. 教训，往往比经验更宝贵

在新闻媒体工作，尤其是当编辑和校对等“把关人”，几乎都有一个共同感受：有成绩不显（那是应该的），可一旦出了差错，无论是政治差错还是文字、图片等技术差错，那就要追究责任。“提心吊胆、战战兢兢”，就是这种现实情况的真实写照。

缘于此，我养成了“小心翼翼、如履薄冰”的习惯。只要涉及文字，必定亲力亲为。采写稿子，哪怕只有百把字，也要再三审读，不敢大意。编辑稿子，更是字斟句酌，推敲再三。因而，我是比较“累”的。当然，对自己编采的稿子也是比较放心的。

这种认真负责、不敢马虎大意的习惯，我一直延续至今。

在后来的高校教学中，我常常请新闻学院的学生做两道练习题：一是排列顺序，即把党委、人大、政府、政协这四大班子的先后顺序写出来；二是写出中共中央政治局常委的职务、排名，并说明排名先后的理由。

这两道题一出，大多数学生都会目瞪口呆，不知怎么排列。即使勉强写出或答出，正确率也极低。在告诉大家正确答案后，我往往要进行讲解，并语重心长地进行提醒：新闻传媒的政治性很强，不关心政治甚至讨厌政治的人，请你远离新闻传媒。

更让我有些不爽的是：我曾经在新闻传播研究生的入学考试中，出过这样的试题。结果可想而知。以后，我轻易不敢再出这样的试题了。

过于认真也常常让我感到痛苦，在读一些网站的文章时，那种错字连篇、词不达意、不知所云的文章，实在难以卒读。所以，看两眼就放弃是常有的事。

4. 新闻无小事，体现在多个方面

除了不出错、少出错，新闻报道还要特别注重增强亲和力、感染力、吸引力。因为，新闻需要传播，而传播，就要把受众当作亲人甚至“情人”。心中没有受众，受众心中就一定没有你。

（1）新闻稿件一定要把标题做好

标题，是新闻的眼睛。一篇新闻，人家读不读、看不看，就看标题是否吸引人。不痛不痒、无滋无味的标题，谁会去读、去看？所以，制作标题有很多讲究：准确、鲜明、生动、活泼等。

话好说，做起来却很难。

我值夜班时，改动或重新制作稿件标题，是一个主要任务。

有些标题，不够准确，容易产生歧义，必须改过来；有些标题，文字太长，版面上容纳不下，必须改短；有些标题，空洞无物，必须重新拟定；有些标题，都是套话，必须弃之不用。

……

比如，省里召开夏粮收购工作会议，主管副省长出席会议并讲话。记者按照惯例，写了一篇会议报道。标题是：

我省召开夏粮收购工作会议（主题）

副省长×××出席会议并作重要讲话（副题）

这样的标题，有什么问题吗?

乍看上去，完全正确，没有问题。可是，最重要的小麦收购价格，却没有说。另外，标题都是老套子，没有新意，更缺乏吸引力。

我重新制作了标题：

农民兄弟请注意（引题）

今年小麦收购价格每斤 0.69 元（主题）

这样一改，既突出了最重要，农民朋友和涉农企业最关心的小麦收购价格，也让人看上去比较亲切。相对而言，标题的吸引力增强了。

类似的例证很多。每天值夜班，改动或重新制作标题少则几个，多则十几个。

按现在的话说，新闻传播一定要讲效果。没有效果的传播，等于不传播。

（2）有粉要擦在“脸”上

标题是“眼睛”，导语就是“脸面”。

“脸面”要漂亮、精致。如此，才能引起受众的喜爱。

精心写作导语，是新闻传媒工作者的基本功。但现在的“快餐式”“碎片化”媒体消费，使这项基本功已不大讲究甚至逐渐荒废。

这不能不令人痛心。

我努力尝试新闻改革，特别是会议报道改革。

某次，河北省档案局（馆）召开工作会议，主管副省长参加并讲话。

稿子该怎样写呢?

我下决心突破会议报道模式，让报道有些亲和力和吸引力。

标题是这样的：

走出“深闺”人初识（引题）

档案，离经济越来越近了（主题）

导语是这样写的：

昔日被束之高阁，藏在深闺人未识的档案，如今已抖去尘埃，开始越来越多地参与到为经济建设和改革开放服务中来。其本身的信息载体功能，也日趋为社会所看重。

这是一则评论式导语。

这则导语，既揭示了档案的特点“藏在深闺”和变化“抖去尘埃”，又把其功能“信息载体”，结果“为社会所看重”反映出来。同时，表达上也有些诗意，不再那么刻板和僵硬了。

“世上无难事，只要肯登攀”。无论社会怎样发展，科技怎样进步，耕耘才有收获，付出才有回报这一点是不会错的。

四、高调做事，低调做人

我对自己，始终有一个要求，就是：高调做事，低调做人。

何谓高调做事？就是要保持向上的激情，尽最大努力把自己应做的事情做好。不敷衍、不迁就，不给自己找借口。

何谓低调做人？就是要谦虚谨慎，不张扬、不卖弄、不恃才傲物、目中无人。

我认为：高调做事，低调做人这8个字，是为人处世，保持良好心态和社会关系的基本要求和准则。

1. 别人说我“三高”，我自己觉得平常

在《河北经济日报》社工作期间，我的职务和职称晋升是比较快的。

1995年，我评上了主任记者（编辑），上了副高这个台阶；职务晋升到副处级。

1998年，职务晋升到正处级。

1999年，我破格晋升为高级记者（编辑），解决了正高级职称。

如此一来，我在有些人眼里，便成了“三高”干部：学历高、职务高、职称高。

但我始终认为：我就是我，没有什么可炫耀的。因为，新闻媒体不同于党政机关。哪怕是总编辑，也不过是个大编辑而已，何况是我。高级职称很重要，但也只意味着责任更重了，对自己的要求应该

更高了。

我一如既往，没有觉得有什么不寻常。

在许多人眼里，我是个“好脾气”的人，基本上没有和人发生过正面冲突。

在单位里，我和周围的人关系比较融洽。下班后，和邻居们，以及收发室、警卫室师傅们的关系也很和谐。

可是，有些人却不这么认为。

有些人说，有人当个副科长，就鼻孔朝天、不认人了。

但认可我的人说，你是“三高”干部，却一点儿架子也没有。你走到哪里，都是受人尊敬的人。

这些话，说得我心里热乎乎的。我坚信：任何人都是平等的。你敬我一尺，我敬你一丈。你不把别人放在眼里，别人也不会把你放进心里。

2. 两次竞聘成功，验证了我的做人、做事准则

职务竞聘，是许多单位内部改革的通常做法。

我参加过两次竞聘。一次是竞聘要闻评论部主任，一次是竞聘总编室主任。

这两个岗位，都被视为报社的核心。

我获评先进后，和报社领导合影，后排左三为作者

竞聘程序为：报名、

演讲、群众评议打分、领导班子研究确定。

竞聘前，有人悄悄对我说：“打打电话或请人吃饭，发动大家为你投票吧。竞争挺激烈的，你不这样做，别人会这样做，你会吃亏的。”

我也明白，情况的确是这样。

不过，我又一想：公道自在人心。同一个单位，谁都了解谁，算得上知根知底。平时不努力，临时抱佛脚，往往没有多大效果。饭桌上，别人可能答应得挺好，关键时刻，还不知怎么样呢。

尽管我没有做任何“工作”，大多数职工还是投了我的赞成票。

由此，我更坚定了“高调做事，低调做人”的人生信念。

3. 我最讨厌“假高调”

“假高调”，就是说话办事不讲诚信和分寸，信口开河，似乎无所不能。其实，腹内空空，绣花枕头一个。看起来本领大得很，究其实，满嘴跑火车，信不得。

在外出采访和日常交流中，我发现有几种情况比较让人厌烦：

一是喧宾夺主，本末倒置。记者采访，是了解情况、获得事实的。在说明采访意图并提出问题后，主要任务便是倾听。可是，有些记者的表现欲特强。自己一直在那里滔滔不绝，对方连插话的机会都没有。自己说累了，所谓的采访也就结束了。

二是乱插话，随便打断别人的思路。一问一答，双向交流是正常的。但不等别人把话说完，就随意插话，以至于对方的思路一次次被打断。这种情况，在日常交流中更为常见。

三是随便许愿。有些人为了让对方重视自己，故意卖弄、炫耀自己的“关系”。比如，我和某人是铁哥们儿，你的事包在我身上。对方往往信以为真，掏心掏肺和他交朋友。然而，这人根本不守信用，事一过，便置之脑后，再也不提了。

这样的人，生活中并不少见。

我认为，无论做事还是做人，都要讲究诚信，讲究实在。言过其实、哗众取宠，只能蒙骗一时。说话、办事，要“一个唾沫一个钉”，说到就要做到。做不到的不说。经过努力能做到的，也要留有余地，不把话说满。唯此，才能取信于人。

五、是走是留，再次面临抉择

转眼之间，时间已来到21世纪。

在经历了1997年香港回归、1999年澳门回归等重大事件后，我对值夜班、签付印的总编室工作感到一丝丝的疲倦。那种战战兢兢、如履薄冰的日子，使我的睡眠严重不足。因为，夜班往往要在凌晨3：00左右才能结束。回到家后，还提心吊胆，就怕报社来电话说出了什么问题。第二天上午虽然可以休息，但我也经常似睡非睡。我的健康，已受到了影响。

此时，河北大学新闻传播学院（2000年由系改为学院）的领导和老师们还惦记着我，有意让我重回河北大学。他们几次派人来报社，希望我认真考虑学校和学院的邀请建议。

1. 舍得，舍得，有舍才有得

人生最艰难的是选择。

当人处在十字路口甚至三岔路口时，往往犹豫不决，举棋不定。

“两利相衡取其重。”这里的权衡，说白了，就是怎样做更有利。

每当拿不定主意时，我便取出一张白纸来，在中间画一道线。左边，开列“得”，即有利之处；右边，则开列“失”，即不利之处。

我粗略列出得与失：

得：

①再也不用值夜班了，身心可以完全放松。

②我原来搞过教学，讲课不是问题。

③年龄逐渐大了，可以过有规律的生活。

④保定是座古城，文化底蕴较厚。

……

失：

①离开省会石家庄去保定，属于“人往低处走”。

②离开河北大学，再回河北大学，属于吃“回头草”。

③好不容易干到了正处级职务，回去不好安排。

④高校重科研，我必须“重打锣鼓另开戏”。

……

2. 决断，需要审时度势，明白自己“要什么”

2003 年，我国发生非典疫情。从年初到 4 月份，疫情才逐渐缓解。

这期间，我也曾尝试着与外界联系，特别是与深圳、广州的媒体联系。但由于电脑刚刚普及，因特网等我还不太熟悉，所以，就此作罢。

这时，一个促使我做出决断的转机出现了。

那是2003年4月19日。

河北省报协在石家庄中山宾馆召开理事大会，邀请中国人民大学传媒管理研究所的宋建武做报告。《河北经济日报》社派副社长杜云峰和我参加理事会。

宋建武所长就媒体产业和文化产业的发展问题谈了很多（我至今还保存着当年的记录）。报告结束后，杜云峰提出了关于经济类报纸的发展前景问题。

宋所长直截了当地说，党管新闻媒体，这是一个基本原则。

尽管没有正面回答，但我已经明白政府机关报的归属，可能要发生新的变化。所有的新闻媒体，都要归属到党委领导和管理。

这个判断，是我自己做出的。

后来的变化，说明我当初的判断没有错。（不久，《河北经济日报》划归《河北日报》报业集团。现在，则归属河北传媒集团。）

“风起于青萍之末”“山雨欲来风满楼”。

宋建武所长的一句话，让我对未来有了一种渐趋明朗的预测。不能再犹豫了，该出手时要出手。

选择可以多方面考虑。但需要做决断时，也要咬咬牙、跺跺脚。

我横下一条心：重回河北大学。

河北大学新闻传播学院院长白贵教授来电话告诉我，学校按人才引进政策，调我来河大。商调函即将发出。

这时，我需要重新审视原来所列出的得与失。

“好马不吃回头草”，这是一句古训。然而，在市场经济条件下，应该“哪里草好哪里吃”。

在《河北经济日报》社，我的职业发展已经到了“天花板”，年龄也没有了优势。该体验的，我已经体验过了；该得到的，我也差不多得到了。与其混日子，不如及时转型，开辟新的天地。

正处级职务还要不要？不要。

学校是教书育人的地方，是做学问、搞科研的地方。学校和医院、新闻媒体一样，都是事业单位，“官”并不那么重要。“无官一身轻”，不要职务，可以心无旁骛，一心一意做学问。再说，我先从学界到业界，再从业界到学界，两次转型、两次跨越，这样的优势是不可替代的。

观念一转天地宽。

如此一来，许多原来比较纠结的问题，迎刃而解。

我确定了到河北大学报到的日子：2003 年 8 月 8 日。

第六章　重回河北大学
——我当上了博导

从 8 月 1 日开始，报社的领导和同事，我爱人工作单位省档案局（馆）的领导和同事，还有邻居、亲朋好友们，便轮番请客与我们话别。

8 月 8 日一早，搬家公司两辆卡车和为我送行的《河北经济日报》社副总编睢斌斌等乘坐的 3 辆小车，从石家庄向保定进发。上午 10：00，即到达河北大学南院我的住所。中午，河北大学副校长孙汉文和新闻学院党委书记卢子震，我当年的学生、时任党委组织部副部长的颜士义和新闻学院副院长杜友军，为我们举行欢迎宴会。

从此，我又以新的身份、新的面貌，开始了新的生活。

一、从读书、写论文开始搞科研

俗话说，隔行如隔山。

新闻媒体和高校教学，虽然都是新闻传播，但一个是业界，一个是学界，区别还是挺大的。

在媒体，采访、写作、编辑、校对、出版等是基本的业务流程。开会、出差是生活常态。当然，也少不了请客吃饭（主要是被请）。这些工作或应酬，占去了大部分时间，基本没有空闲时间读书学习，更别说集中时间和精力写论文。“两眼一睁，忙到熄灯”，就是新闻媒体人的真实写照。

在高校则不然。高校教师一般是不坐班的，有课上课，有会开会；没课没会，就在家里读书写作，时间相对自由。当然，教师应酬也相对较少，社会活动不多（这完全因人而异。有的教师社会兼职较多，各种应酬也很多）。

我来到河北大学新闻传播学院后，有两个感觉最明显：一是身心彻底放松下来，再也不用提心吊胆、战战兢兢了。虽然我照样关心时事，每天坚持看新闻联播，但“看”和“干”毕竟不一样。二是不用考虑工资发放的问题了。

工资发放怎么也成了问题？

原来，媒体（特别是报社）属于自收自支的事业单位，财政一般是不补贴的。学校则属于全额财政拨款的事业单位。所以，在高校工作，工资是有保障的。

那么，我的科研从哪里起步呢？

首先，从读书开始。

其次，从写论文起步。

1. 四本书对我的影响较大

“活到老，学到老”，这话一点儿不假。

学习有多种方式。读书，是最直接、最快捷的方式。

我有条件读书了，尽管此时的我已经 50 岁。

我买书、借书，决心从零开始，逐步丰富我的学术积累。

在我读过的书中，有不少书对我产生了较大的影响。

其一，是李彬的《传播学引论（增补版）》。

李彬，清华大学新闻与传播学院教授。他于 2003 年 8 月出版的《传播学引论（增补版）》，是我接触并认真学习过的第一本传播学著作。

传播学，是 20 世纪 80 年代引入我国的，属于新兴学科。

此前，我对传播学知之甚少。传播学的基本理论、基本观点是什么？传播学和新闻学的联系和区别何在？我带着这些问题，逐字逐句学习《传播学引论（增补版）》。没有想到的是，这本书开篇就吸引了我。

首先，这本书深入浅出，通俗易懂，读起来没有生涩艰深之感。

其次，简洁明快，条理清晰。有例证、有模型深入浅出。

再次，概括、提炼准确到位。

从这本书里，我了解了传播学研究的三大来源、四大先驱、两大学派；了解了人际传播和大众传播；了解了批判学派的两种人生哲学、两种现代思潮和两种学术判断；了解了把关人、编码与译码、议程设置、劝服艺术、死线抽象等内容。

所有这些，是我以前未曾接触过的。

我边学边思考。

由于我在新闻媒体工作过，对“宣传”有一定的了解和认识。虽然“宣传”并不等同于“传播”，但在某种意义上，宣传也是一种传播。我在读书时，可以把自己代入进去，体会就更深一些了。

读书时，我同时思考：我能写点儿什么。

当读到该书第九章第一节“平衡论与和谐论”时，我脑海中电石火花般闪过一个念头：这是一个点。社会讲平衡，新闻报道也要讲平衡。

我决定从“平衡”切入，研究新闻报道中种种不平衡现象（偏听偏信、一种声音掩盖另一种声音、报喜不报忧等）和新闻报道不能平衡的内在症结（完型趋向、非此即彼、死线抽象），以及解决不平衡问题的方法与策略。由于对不平衡报道感同身受，所以，写起来比较顺手。

CONTEMPORARY 新闻传播研究

新闻报道“平衡”论

○杨秀国

《当代传播》刊发了《新闻报道“平衡”论》

7000字的《新闻报道“平衡”论》完稿后，我将之发往《当代传播》（当时的核心期刊，现在为C刊）杂志。

很快，《当代传播》在2005年第3期刊发了这篇论文。

更让我惊喜的是：《新华文摘》也于2005年第14期（半月刊）以《阻碍新闻报道平衡的内在因素》为题，刊发了《论点摘编》。

读书不忘思考，读书不忘

写作。

读书促进思考，思考带来写作。

这就是我当时的做法和体会。

其二，是蔡雯的《新闻传播的策划与组织》。

蔡雯，中国人民大学教授。《新闻传播的策划与组织》是她的博士论文，也是我国新闻传播界第一篇入选“全国优秀博士论文”奖的论文。

说是博士论文，也并不像有些人认为的那样抽象艰深。相反，论文明白如话，简洁流畅。尤其让我信服的，是蔡雯在探讨新闻媒介“策划”热引起的争议与思考时，将不同甚至相反的观点都展示出来，体现了实事求是的客观平衡态度。为了辨析“策划”的本义，她还引用了“策”和“划”在《辞源》中的所有义项（策，有8个义项，作名词的有马鞭、简、策书等，作动词的有以鞭击马，而用得最多的还是“谋划”。划的义项不多，筹谋的意思较重。基本上，策与划联系起来，作筹谋、谋略、计策、对策等意思解释）。

对“策划”这样一个有争议的词语，从《辞源》（我国古汉语专门工具书）入手辨析其本意，体现了其严谨的科研态度。

《新闻传播的策划与组织》研究的是宏观新闻编辑学中的一个重要问题。由于我在总编室工作多年，亲自主持过各种报道策划，所以，读起这本书来倍感亲切。更为难得的是，蔡雯曾参与过一些报刊的改版策划，为他们出谋划策，亲身感受、考察和参与策划，为自己的研究积累第一手素材。正是由于蔡雯了解媒体，是个既懂业界又懂学界的编辑型学者，所以，她的研究便能丝丝入扣，不但能抓准问

《新闻报道策划》书影

题，而且分析起来有理有据。

研读蔡雯的《新闻传播的策划与组织》，我受益匪浅。首先，我专门在本科生和研究生中开设了新闻报道策划课。

接着，我出版了专著《新闻报道策划》（《人民日报》出版社，2012 年 8 月第 1 版）。

其三，是艾丰的《新闻采访方法论》。

在新闻采访类的书籍中，我比较推崇的是艾丰的《新闻采访方法论》（《人民日报》出版社，2004 年 7 月第 8 次印刷）。

20 世纪 80 年代初，我刚到河北大学教授新闻采访写作课程时，用的教材就是艾丰的《新闻采访方法论》。那时，这本书还是第 1 版第 1 次印刷。到了 2004 年，已是第 3 版第 8 次印刷了。

我之所以选择这本书作为教材，是因为艾丰从哲学的角度研究采访，体例比较新，观点也比较新。他围绕着“事实”这个核心要素，从材料、角度、立场等方面，逐一阐述，让人有眼前一亮之感。他对记者和采访对象之间三对矛盾（取和予、生和熟、说和做）的分析，他对第一手材料的辨析都很准确和中肯。他提出的 10 条基本采访方法（点面结合、三个阶段、两面挖掘、寻找镜子、抓取特点、抓关节点、协同作战、体验感受和常备不懈等），都属于经验之谈。

艾丰（1938—2019），学者型记者。他曾任《人民日报》社经济部主任、编委和《经济日报》社总编。他也是中国名牌战略最早的倡导者之一。

我虽未与艾丰谋过面，但一直比较敬佩他。他勤于思考，见解往往很独特。比如，他认为新闻行业是“五说”行业：最先说话，说自己不甚懂的话，公开说话，迅速说话，还要经常说话。这“五说”加起来，难免要说错话。这就要求记者“更严格地要求自己，把自己的本事练得更硬”。

在我的认知中，复合型人才更为稀缺和宝贵。因而，学者型记者诸如艾丰，编辑型学者诸如蔡雯，都是比较有眼光、有成就的人。

其四，是刘明华、徐泓、张征的《新闻写作教程》。

65 万多字的《新闻写作教程》（中国人民大学出版社，2004 年 6 月第 4 次印刷），我认为是比较实用的。

这本教材的最大特点是案例丰富。甚至，对其中一些案例，剖析了其不足之处，显得客观而平实。

更为难能可贵的是尽心竭力为受众着想，不遗余力把道理讲透。

比如，该书第五章新闻角度，提出了这样一个观点：由于事实本身具有多面性，因此对同一件新闻事实，可以从不同角度报道。角度不同，新闻价值不同，表达的思想意义也就不同。

如果仅仅提出这样一个观点，而没有具体解读，那么，就不会引起人们的注意。引不起注意，说了就等于没说。

所以，该书紧接着举了一个例证：中央电视台《新闻调查》节目制片人夏骏，曾为新闻系学生讲过一次课。夏骏讲述了自己的经历，介绍了新闻调查节目的产生、策划，以及选题与制作，还谈到了电视业的竞争。

课后，作为作业，每个学生写了一篇关于夏骏讲课的报道。

不过，大部分同学的报道都是从描写对夏骏的第一印象开始。整体看起来，不像新闻报道，更像一篇记叙文。

那么，该怎样报道呢？

《新闻写作教程》列举了 5 种报道方式：

其一，从《新闻调查》节目入手。因为，《新闻调查》节目是中国电视界第一个深度报道的节目。

“长达 45 分钟的《新闻调查》，被它的制片人夏骏称为‘勇气性的节目’。因为它是中央电视台播放时间最长的新闻节目。业内人士都知道，新闻节目每延长 10 分钟，对编导和记者能力的要求呈几何级数递增。”

“夏骏今天来到中国人民大学新闻系讲课时说，‘3 年前，他参与创办的这个节目，也是中国电视界第一个进行深度报道的节目’。”

其二，是从夏骏对新闻教育的评论入手。因为，夏骏毕业于广播学院（现在的中国传媒大学）新闻系，是进中央电视台的第一个硕士研究生。

“面对新闻学子，资深电视人夏骏语出惊人：‘你们站在很好的一个产业上。但新闻学科的厚度不够，能给予你们的知识准备和知识联想力不足’。”

其三，通过“记者品牌”这个角度，探讨名记者问题。

“《新闻调查》栏目打的是记者的品牌。它的制片人夏骏称：‘45分钟的节目一定要做出记者调查的魅力’，今天在中国人民大学讲课时，他千呼万唤名记者的出现。当然，他承认：‘拥有这样的记者还需要时间。’”

……

同一件事情，可以从至少5个角度报道。而且，角度不同，侧重点不同，所凸显的价值也不同。

这样的例子，不是很让人受益吗？

这样的教科书，才是受欢迎的。

2. 我个人的读书体验

读书要专心，要聚精会神。

不仅如此，读书还要有计划，有目标，有要求。

我曾对自己读书做过“实验”。

一本专业、学术方面的书，需要多少时间才能读完？

我的结论是：大约需要一周时间。

一般来说，一本学术著作，大致300页，20万至30万字。要读完这本书，每天至少要读50页。

我按照这个进度规划自己的时间。每天，除了教学、开会和其他活动，要保证自己读完50页书。白天读不完，晚上接着读；今天没读完，明天补回来。这样坚持一年，大致可读50本左右的书。

当然，读专业和学术书籍，不像读小说那样轻松。不能一目十行，而要精读细研。否则，读了也是白读。

3. 哭笑不得的学生读书“实验”

读书，是学生的本业。

一个本科生、研究生，一年要读多少书？

我的要求是：至少要读 30 本书。

一年 365 天，52 周。除去平时上课和各种实践活动，平均 10 天读一本书，应该是能做到的。这样，三四年的时间，至少应读 100 本书。都说“读书破万卷，下笔如有神”，大学本科或研究生毕业，肚子里不装着上百本书，是说不过去的。

按照这个标准，我上课时给学生留下作业：用一周时间，读一本专业书籍，小说、诗歌等不包括在内。下周上课时抽查。

接下来的一周，我开始检查。

“大家都按照要求读书了吗？没有读的请举手？”

没有人举手。

“下面，请某某同学给大家分享一下，你读了什么书？请说出书名、作者，以及这本书的主要内容。”

第一周，基本没有问题。

第二周，情况发生了变化：有的同学，读了某人的传记；有的同学，读了某人的散文集……

再接下来，更是五花八门。

我曾询问过部分同学：“每周读一本书的要求，是不是过高了？要求认认真真读专业和学术书籍，是不是太严了？……”

同学们告诉我，老师的要求不高也不严。可是，他们太难做到了。首先，读书要到图书馆或资料室去借阅，这需要时间。更主要的是大家都用手机阅读，纸质书籍已没有多少人愿意读了……

是啊，信息时代、手机时代。传统的纸质书籍，似乎已经过时了。

不过，我依然坚信，不管书籍的样式和传播形式如何变化，书总是要读的。信息时代、手机时代难道就可以不读书吗？

只是，我要求每周读一本专业书的做法，也很难再坚持下去了。

二、我获得了河北省社科优秀成果一等奖

2008 年 10 月，我的专著《新闻采访学通论》，获得河北省第十一届社会科学优秀成果一等奖。

《新闻采访学通论》书影

这一年的 6 月 28 日，河北大学新闻传播学院院长白贵教授从刚刚结束的社科优秀成果评委会上打来电话，告诉我这个好消息。

我喜出望外，心情有些小激动。

获得一个奖项，为什么这样让人兴奋？

首先，国家并没有设立社科优秀成果奖。省里的一等奖，对

于我来说，等于是最高奖了。

其次，评奖难度很大，获得一等奖实属不易。

我作为评委，也曾参加过省社科奖的评选。

在两年一次的哲学社会科学成果评选中，文学、历史、哲学等属于大类，单独分组评选；新闻属于小类，和图书、档案等共 10 种小类组成一个大类。也就是说，在这 10 种类别的成果中，只能产生一个一等奖。由此可以看出，竞争有多么激烈。

那么，我在撰写《新闻采访学通论》时，都经历了什么呢？

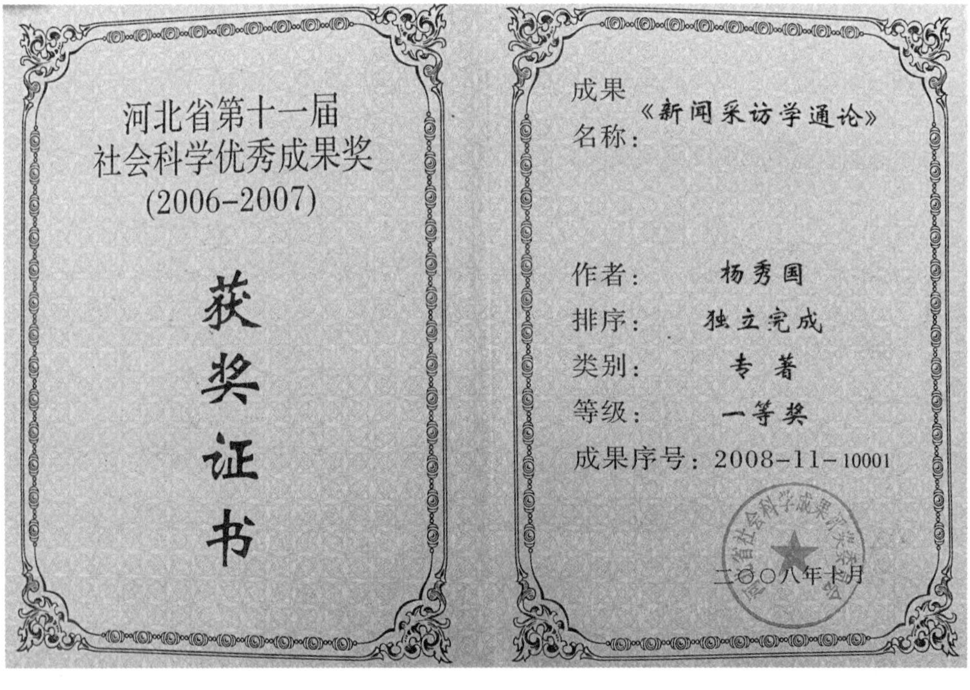

《新闻采访学通论》获河北省第十一届社会科学优秀成果奖（2006—2007）证书

1. 咬定“有意思，有意义”目标不放松

讲话、写文章抑或著书立说，不外乎下面四种情况：

其一，浅入浅出。虽然说的是大白话，大家都能听得懂，但没有意思，更无意义。这样的话，作为消磨时光的聊天并无不可，但写成文章或著书立说，就有误人子弟之嫌，是不行的。

其二，深入深出。语言很艰涩，道理很深奥。一般人读不懂，更理解不了。有些比较专业的书籍或论文大多存在这种情况。

现在的学术界，有一种不太好的现象，就是故意把简单的事情复杂化。有些作者，似乎是为了显示自己有学问，故意绕来绕去，把人绕得晕头转向。有一次，我读一位博士的论文，看到某处时，一遍不懂，两遍不懂，看了三四遍依然不懂。后来，我请其他人帮我看，其他人也没看懂。连我都看不懂的文章，谁还能看懂？我把该论文弃置一旁，再也不看了。

写文章，终究是为了给人看的。多数人看不懂，写这样的文章又有何用呢？

其三，浅入深出。就是从大家耳熟能详的生活现象入手，层层深入，最终讲出些让人有所感悟和启迪的道理来。

其四，深入浅出。就是先提纲挈领，概括、提炼出观点，然后通过例证，通俗易懂地进行解释。

浅入浅出没意义，深入深出没意思。

我的目标是深入浅出或浅入深出。就是说，既要有意义，也要有意思。

围绕着这个目标，我开始了《新闻采访学通论》的写作。

2. 我运用了“啤酒瓶子用途”等大量鲜活案例

我们常说，“文似看山不喜平”。不喜平，就是要有变化，有起伏。

前面讲到，传播学上有个名词叫作“死线抽象”。

死线抽象，就是一条直线（人死了，心脏不再跳动，屏幕上会显示直线），没有变化，没有波澜。

避免死线抽象的有效方法，就是写文章要“跳动起来”，要摆事实、讲道理。

摆事实、讲道理，就是通过鲜活生动的例证表达某种观点。光有例证，难免失之肤浅；光讲道理，则容易枯燥乏味。一篇好的文章，既有例证，又有观点；既生动活泼，又耐人寻味。

比如，我在讲记者必须创新思维方式时，先说了这样一段话：“人的思维方式，既受着一定世界观、人生观的支配，也有着相沿成习、要改也难的特点。要创新思维方式，人首先需要战胜的就是自己。要战胜自己，则需要认识自己，认识自己的弱点，认识自己的不足。正像铭刻在希腊德尔菲阿波罗神殿外侧墙上的一位智者的名言那样，‘人啊，认识你自己’!”

这是一段具有理论色彩的话，说的是创新思维方式，必先从改变思维方式入手。

那么，需要改变什么思维方式呢？

我举出三种：

其一，变单向思维为多向思维；

其二，变顺向思维为逆向思维；

其三，变平面思维为立体思维。

那么，什么是单向思维、顺向思维和平面思维？我开始举例子、做实验（课堂上，我曾数次做过这样的实验）。

我拿出一个空的啤酒瓶子。

我的问题是：请说出啤酒瓶子的用途。

开始，大家面面相觑，不知我葫芦里卖得什么药。因为这样的问题太简单了，似乎就不是什么问题。

在我的催问下，大家陆陆续续开始回答并补充："可以装水、装酱油、装醋、装……"

"还有什么新的答案吗？"

在我继续催问下，大家又说："可以插花，可以做打击乐器，可以当擀面杖擀药片、擀饺子皮，可以做地震预报器（瓶口朝下、底朝上，稍一晃动，瓶子就会摔破）……"

我继续追问："还有新的答案吗？"

此时，往往寂静无声。只有个别时候，有的同学还会答出："当接头暗号、做道具等。"

那么，这个案例，我到底想说明什么问题呢？

我分析道："人的思维，大体可以分为三个层次或三个阶段。第一个层次，就是把啤酒瓶子当容器，可以装一切液体或细小的固体；第二个层次，是从啤酒瓶子的形体（有重量、光滑、墨绿色等）着眼，考虑其用途；第三个层次，是抛开容器和形体，从其指代、符号意义上去考虑。

第一个层次，即把啤酒瓶子当容器，可以装一切液体或细小的固体，是人人皆知、司空见惯的，是不新鲜的。

第二个层次，比第一个层次要深入一些。特别是当擀面杖、当地震预报器等答案，是比较新鲜的。

第三个层次，更加新鲜和独到。

我继续分析：“只能回答第一个层次的，属于单向思维；能回答出第二个层次甚至第三个层次的，就属于多向思维。单向思维，又称习惯性思维、线性思维，是指思维活动受到某种模式、某种传统观念的影响，只朝着某一约定俗成的方向发展，以致形成思维定式。由于思维活动被局限在某一个狭小的范围内，且这个范围又是人们习惯且最容易涉足的，故而单向思维具有明显的保守性和狭隘性，极易束缚人们的想象力和创新精神。”

多向思维，（又称辐射性思维、开放性思维），与单向思维不同。它从事物的某一中心或定点出发，向四面八方展开联想，提出多种设想和方案。这是一种解放的发散性的思维方法，其特点是不受任何限制，无拘无束，自由驰骋。”

一个啤酒瓶子，引出了创新思维。这就是浅入深出。

由创新思维，再回到采访成功的典型案例。这就是深入浅出。

我的《新闻采访学通论》基本上就是浅（案例）、深（理论）、浅（案例）、深（理论）相互交叉印证的格局和模式。

3. 小小的遗憾：此书没能再版

《新闻采访学通论》出版并获奖后，被当作高校教材和考研用书。

该书虽算不上畅销书，但据订购和使用此书的师生和一些媒体编采人员反映，该书具有三个明显特点，非常值得一读：

其一，“道”“术”结合。既站在理论前沿，着眼于探讨当前新闻采访所面临的诸多紧迫问题，又注重采访方法、技巧的运用与传授，力求使其在具有浓厚学术色彩的基础上，有较强的实用性和可操作性。

其二，注重典型案例分析，就案说理，深入浅出。形象直观，入脑入心。读起来兴味盎然，颇为引人入胜。

其三，力求创新，见解独特。有些内容，是别人没有或很少谈到的；有些内容，别人虽有涉及，但作者经过总结归纳，提出了自己的观点与见解，说出了自己的话。

由于没有再版，该书竟到了一书难求的地步。以至于有些需求者只能复印、复印再复印。这让我时常为之不安。

4. 我也成了封面人物

荣登《新闻爱好者》封面人物

2011 年 9 月，全国新闻核心期刊《新闻爱好者》选我作为封面人物，并在该期杂志第 110 页，刊登了《封面人物·杨秀国》的介绍文章。

作为新闻学教授，能登上由陆定一题写刊名的专业杂志的封面，是一件“露脸”的事，也是一件幸运的事。之所以能成为封面人物，大概是因为此时的我，已在新闻学领域小有影响。文章介绍道：杨秀国“自 2003 年被引进到河北大学新闻传播学院后，主讲的新闻采访写作课程，被评为河北省精品课；专著《新闻采访学通论》，被评为河北省社科一等奖；主持省级和国家级社科项目各一项。同时，荣获河北大学教学名师和河北省优秀教师称号。”

三、我连续主持两个国家社科项目

2009 年，我申请的国家社科项目“新闻报道亲和力研究”获得批准。

2013 年，我再次申请的国家社科项目“新闻报道正能量传播研究”获得批准。

连续两次申请均获得成功，对我来说是幸运的，也是不容易的。

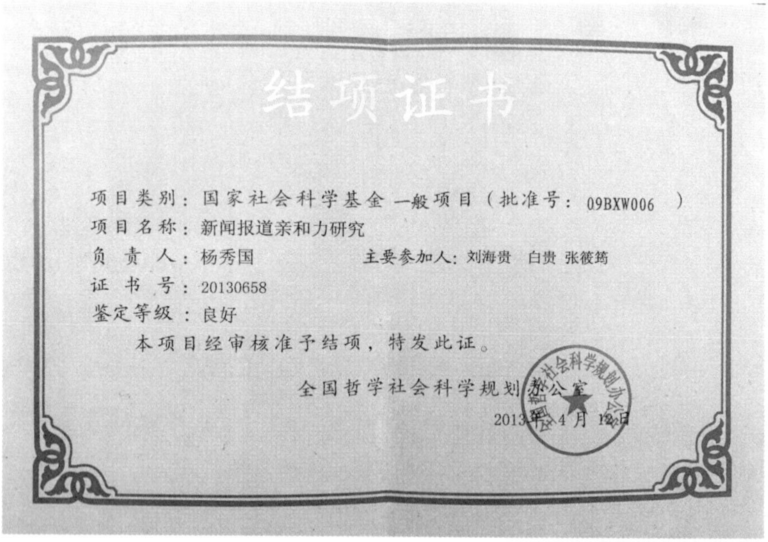

结项证书

项目类别：国家社会科学基金 一般项目（批准号：09BXW006 ）
项目名称：新闻报道亲和力研究
负 责 人：杨秀国　　主要参加人：刘海贵　白贵 张筱筠
证 书 号：20130658
鉴定等级：良好
本项目经审核准予结项，特发此证。
全国哲学社会科学规划办公室
2013年4月12日

“新闻报道亲和力研究”项目结项证书

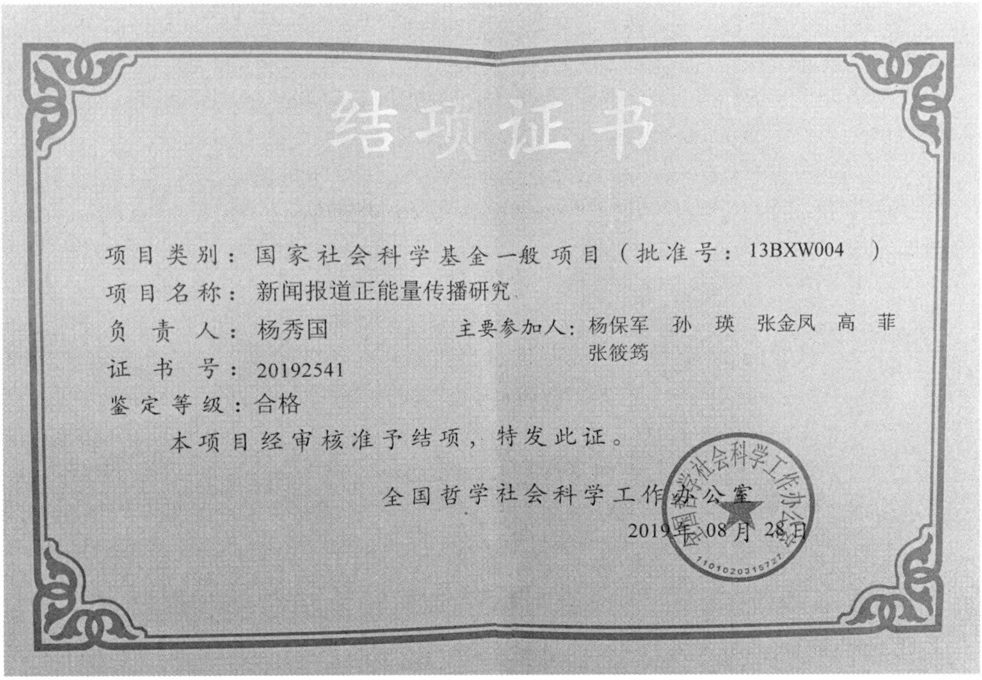
结项证书

项目类别：国家社会科学基金一般项目（批准号：13BXW004）

项目名称：新闻报道正能量传播研究

负责人：杨秀国　　主要参加人：杨保军　孙瑛　张金凤　高菲　张筱筠

证书号：20192541

鉴定等级：合格

本项目经审核准予结项，特发此证。

全国哲学社会科学工作办公室

2019年08月28日

“新闻报道正能量传播研究”项目结项证书

1. 国家项目申请：“难于上青天”

在高校当教师，教好书、育好人，是题中应有之义。除了上课，教师还要搞科研，要有科研成果。科研成果包括论文、著作和科研项目等。

所有这些成果，都有普通、高端、顶级之区别。级别不同，难易程度不一。

发表论文，要看刊发论文期刊的级别。一般来说，期刊有普刊（普通省级刊物）、核心期刊、C 刊（CSSCI，中文社会科学引文索引的简称）。此外，还有 A 刊（顶级）、B 刊（次顶级）。

著作，有专著、编著、译著等。出版著作，要看出版社的等级。一类出版社如人民出版社、商务印书馆等，其他还有二类、三类出版社。

项目则有纵向和横向之分。纵向项目从级别上分为国家级、省部级、市厅级等。

概而言之，无论是论文、著作还是项目，国家级都是大家孜孜以求的目标。

在国家级项目中，还分为重大、重点、一般、青年、西部和后期资助等。

国家级重大项目主要包括国家社科基金重大项目、教育部哲学社会科学研究重大攻关项目等。这是目前我国社科类级别最高的项目。

俗话说，“内行看门道，外行看热闹”。上面所讲的这些类别和等级，局外人不甚了了，可对于高校教师来说，这些属于应知尽知的。否则，就没有办法搞好科研。

为什么这么说？因为这些都关系着教师的职务晋升和待遇提升。

前些年，一个教师要评教授，在其他条件具备的情况下，只要主持一个省级项目就行了。现在则不然，必须主持一个国家项目。

前几年，一个博士要毕业，除了博士论文必须通过，再发表几篇核心期刊论文即可。现在，则必须发表C刊和C刊扩展版论文。

2. 重点高校教师“压力山大”

“985”“211”“双一流”这些名词，大家越来越熟悉了。但能弄清其中的不同还为数不多。

“985”高校：1998 年 5 月，时任国家主席江泽民在庆祝北京大学建校 100 周年大会上提出，“为了实现现代化，我国要有若干所具有世界先进水平的一流大学”。“985”大学是归属于实现这个工程的大学。

“211”高校：面向 21 世纪，建设 100 所左右的高等院校。

“双一流”高校：世界一流大学和一流学科大学的简称。

名称、提法虽然不同，但有一个共同点：能获得这些称号，进入“985”“211”或“双一流”层级的学校，无疑都是教育部直属的重点大学。地方高校虽然也有，但毕竟凤毛麟角。

名校、重点高校的教师，在科研上，站位更高、资源也更多。尤其是各个领域、学科的领军人物，本身就是所在学科、领域的“掌门人”。因此，申请项目几乎不是难题。他们注重的是重大项目、顶级项目。他们有写不完的论文（约稿很多，发表不成问题），做不完的项目。这与地方高校相比，简直有天壤之别。

当然，成就大、影响力大、压力也大。据了解，名校、重点高校的教师，长年累月生活、工作在“满负荷”之中。有时，甚至是通宵达旦，不是在工作，就是在去工作的路上。

3. 地方高校教师“举步维艰”

与名校、重点高校相比，地方普通高校教师的科研之路，就艰难多了。

首先，知名度低，影响力小。

如果说，重点高校属于“名门望族”，那么，地方高校则是“小户人家”。无论是发表论文、申请项目还是著书立说，“名头”都是很重要的。尽管编辑们口口声声说质量第一，“英雄不问出身”，实际上，“出身”即学术背景，往往是重要的考量因素之一。

其次，资源占有量少。

名校和重点高校，无论是国际、国内，资源占有量都是得天独厚的。相反，地方高校就少得可怜。试问，到国外访学、交流或承担国内重大研究项目，有多少愿意交给地方高校来做？一个毋庸置疑的事实就是：名校、重点高校不仅教师地位高，就连毕业生都很抢手，以至于用人单位在招聘时，几乎无一例外地把名校毕业作为条件。

再次，地方高校教师往往站位偏低、视野偏窄。

地方高校因其特定的地域局限性，致使教师在观察和思考问题时，往往从本地域出发，很难从全国甚至世界的角度来考量。这一点，往往也使教师科研的高度不够，竞争力不强。

举个简单的例子：

2017 年 4 月 1 日，中共中央、国务院印发通知，决定设立国家级新区——河北雄安新区。雄安新区的定位是“世界眼光、国际标准、中国特色、高点定位”。这 16 个字，其实也是科研工作应遵循的。地方高校教师，缺的恰恰就是世界眼光、国际标准，因而科研工作很难高点定位并形成中国特色。

为了进一步说明国家项目申请的难度，再举出 2022 年国家社科项目申报指南的部分选题。

新闻学和传播学，设具体条目 40 个，方向性条目 34 个，共 74 个。

其中，具体条目的前 5 个是：

（1）习近平新时代中国特色社会主义思想译介与国际传播研究

（2）习近平总书记关于国际传播重要论述研究

（3）习近平总书记重要著述出版研究

（4）中国共产党新闻舆论思想研究

（5）中国共产党统一战线思想的新媒体传播研究

方向性条目的前 5 个是：

（1）新时代中国特色新闻传播理论创新研究

（2）人类命运共同体视域下的国际传播研究

（3）加快国际传播能力建设研究

（4）构建对外传播的新范式和新体系研究

（5）中国故事和中国声音的全球化表达、区域化表达、分众化表达研究

从上述列举的 10 个条目来看，都属于宏大叙事。除了新闻传播研究机构或重点高校课题组，一般院校或个人申请这样的条目，难度是很大的。统览申报指南的 74 个选题，适合地方院校教师申报的少之又少。

正因如此，地方高校教师在项目申请成功率上极低。比如我所供职的河北大学新闻传播学院，近几年来，每年申报数量都在 20 项以上，但获批者往往只有 1 项。

4. “躺平”是无奈的表现

发表高端论文难，申请高端项目难，在国家一级出版社出版专著

难。这些“难”字叠加在一起，自然而然带来了一个问题：中青年教师晋升职称难，评选各种称号难。

有的高校教师，年龄40多岁了，副教授职称评了七八年了，就因为缺少国家项目，无法晋升教授职称。有的教师，连续几次申请国家项目，结果，总是无功而返。

所以，地方高校部分中青年教师，无奈地“躺平”了。原来的那股子锐气、朝气，逐渐被“磨平”了。

不过，一有机会，我总是劝导那些向我诉说“苦恼”的中青年教师：现在还不能“躺平”。“磨刀不误砍柴工”。失败一次，积累一次经验。积累多了，总会成功。

5. 我申请国家项目的几点体会

我连续两次成功申请国家社科项目，有几点体会可供借鉴和参考：

其一，循序渐进，积累成果。

申请国家项目，前期成果是一个重要的考量指标。前期成果，包括和申请项目相关或相近的论文（最好是C刊论文，至少是核心期刊论文），项目（省级项目）和著作。没有这些前期成果，说明研究的基础不够扎实和雄厚。所以，要申请国家项目，就得从申请省级项目开始，从发表核心期刊和C刊论文开始。路要一步步走，饭要一口口吃。不做好这些前期成果的积累，幻想一步登天，是不现实的。

其二，从国家大局出发考虑选题。

国家社科项目，无论是基础研究还是应用研究，都体现国家意志、国家水平。因此，选题的重要性不言而喻。我申请的两个项目“新闻报道亲和力研究”和“新闻报道正能量传播研究”，虽然都是业务层面的，并不属于宏大叙事，但理论价值和现实意义都比较大。因为，亲和力和正能量传播都是新闻传播领域必须倡导和坚持的。从导向和价值来看，是比较正确和重要的。

其三，选题要具有鲜明的问题意识。

无论写论文还是做项目，都要有较强的针对性。射箭要对准靶子。靶子就是问题，就是针对性。问题抓得越准，针对性就越强。搞科学研究，最怕无病呻吟、自说自话。那么，问题从哪里来？一言以蔽之：从现实生活中来。这就需要密切关注学科前沿的最新动态，密切关注现实生活中出现的种种现象和问题。

其四，精心写好申请书。

申请书活页，是评委审评打分的依据，丝毫马虎不得。申请书除了申请者的基本情况，最重要的就是选题的来源、依据、价值、意义和文献综述、研究方法、研究难点等。申请书活页一般不超过7000字，要求论证严谨、观点明确、文通字顺。至少，不能出现错别字，更不能出现观点错误。

“凡事预则立，不预则废”。只要不“躺平”，有追求，成功就一定会到来。

四、新闻学院申博成功，我当上了博导

博士，是一个令人艳羡的称呼。

古代，博士专指精通某种技艺的人，如茶博士、酒博士等。

现代，博士是个学位称呼，标志着一个人具备产出原创理论成果的能力。在学士、硕士、博士3个层级中，博士是最高级别的学位。

1983年5月，新中国培养的首批18位博士诞生。同年10月，首批文科博士诞生。

1. 新闻学院申博“三连跳”

河北大学是一所综合性地方高等院校。在河北省，多年来被称为“河老大”。

然而，河北大学虽然冠以省名“河北”二字，却不是“985”“211”“双一流”学校。河北省唯一享有“211”“双一流”名头的学校，是位于天津市的河北工业大学。

这样一来，河北大学新闻传播学院的申博之路，便注定不那么容易。

培养博士的单位称为“博士点”。博士点又分为一级博士点和二级博士点。

比如，新闻传播学被称为“一级学科博士点”。其所属的新闻学和传播学等，则被称为二级学科博士点。

2010年，河北大学新闻传播学院申报的是一级学科博士点。

申博，从流程来看，要经过三道关口：

其一，要从学校“冲出来”；

其二，要从省里“冲出来”；

其三，要从全国“冲出来”。

申博，就像选拔赛一样。因为每一层都有指标限制，冲不出来，就意味着被淘汰。

我参加过学校的淘汰赛。那场面，真有点儿惊心动魄。

记得那是一个下午，在河北大学研究生学院的一个会议室里，学校主管领导主持投票。他面前的桌子上摆着一摞信封。每个信封里装着各学院对申博单位的赞成或反对意见。由于采取的方式是“优胜劣汰”，自然是得票多者胜出。

申报单位每个人心里都捏着一把汗。

因为，只有从学校胜出，才能到省里参评。这一关冲不出去，申博之路就中断了。

参加会议的我，心也悬到了嗓子眼儿。

好在有惊无险。新闻学院胜出了。

我在第一时间把这个好消息告知了正在外地出差的新闻传播学院院长白贵教授。

接着，是省里的“选拔赛”。

2010 年 9 月 26 日下午，白贵教授给我发来短信报喜：申报博士点已冲出河北。

2010 年 12 月 19 日中午，白贵教授再次给我打来电话报喜：申博在全国通过。这意味着，河北大学新闻传播学院终于有了自己的一级学科博士点。

这意味着什么，说明了什么呢?

就当时的情况来看，成功申报新闻传播学一级博士点的院校，只有河北大学是省属地方院校，并且是没有“985”“211”名头的普通高校。这意味着，河北大学新闻传播学院，从此进入了全国新闻传播学教育的第一梯队。

确实，河北大学新闻传播学院的新闻学、传播学等学科，在全国同类学科的评比中，已跻身前 10 名。最高的新闻学排名，是全国第 8 名。

新闻传播学院新闻系部分教师合影
左一彭焕萍，左二韩立新，左三白贵，左四杨秀国，左五曹茹
后排左一甄巍然，左二高菲，左三都海虹，左四商建辉，
左五刘莹，左六张筱筠，左七张金凤

申报成功的新闻传播学一级博士点，由 4 个方向构成。我作为新闻传播实务方向的学术带头人，顺理成章地担任了博士生导师。

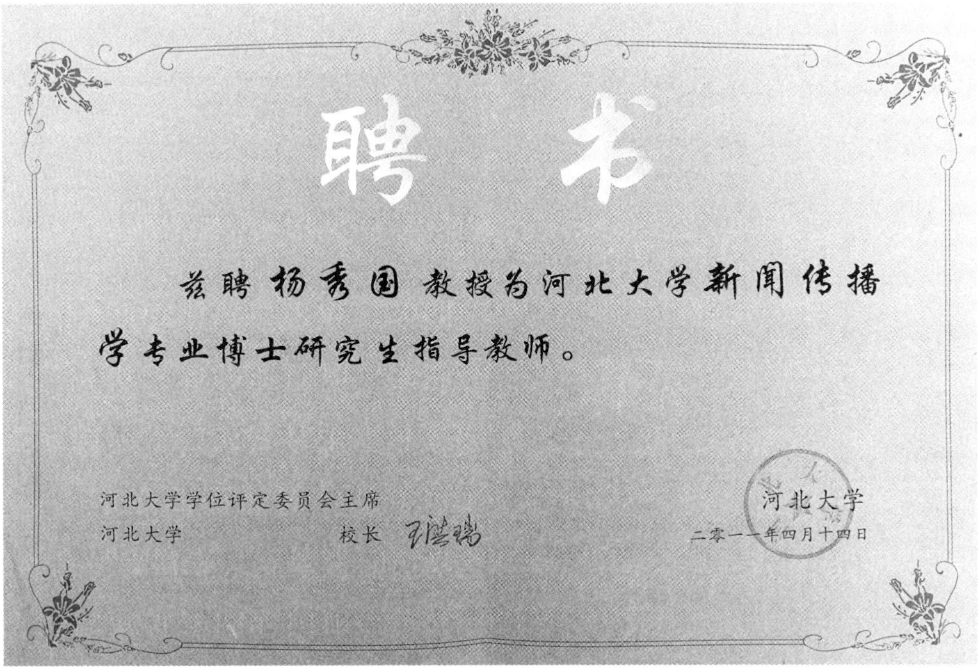

博士生导师聘书

此后不久，我又担任了校学术委员会委员、新闻传播学院学术委员会主任。

2. 我和我的博士生

2011 年，我招收了首位博士生。

此后，我每年招收 1 位博士生。与此同时，每年招收 4 位硕士生，还招收 10 位左右的本科生。

博士生怎么培养？课怎么上，科研怎么搞？

对我来说，这是一个新课题。

先来说说博士研究生、硕士研究生和本科生的区别。

硕士生和博士生，都称为“研究生”。“研”指审查、细磨；“究”指穷尽、追根求底。“研究”包括考虑、探索等意思，指的是人对事物真相、性质、规律等进行的无穷尽的积极探索，由不知变为知，由知少变为知多。简单来说，“研究”就是提出问题并寻找答案的过程。

那么，博士生、硕士生和本科生的不同体现在哪里呢？

一言以蔽之，大学本科生，重在知识的学习。硕博研究生，则重在知识的创造。

有一篇文章《一盘红烧肉告诉你：本科、硕士和博士的区别有多大》，尽管只是比喻，不一定准确，但比较形象直观。特转载于此。

（1）本科论文

第一章　红烧肉的定义和类型

第二章　各种红烧肉的区别和特点

第三章　东坡红烧肉的具体特点

第四章　烹制东坡红烧肉的主要问题和对策

结论：东坡红烧肉可以更好吃。

（2）硕士论文

第一章　关于猪肉做法的文献综述

第二章　红烧肉做法的历史演变过程

第三章　传统红烧肉制作和研究方式介绍和比较

第四章　某理论对红烧肉做法的启示

第五章　运用某理论做出红烧肉的具体方法

第六章　某理论红烧肉的创新之处和进一步研究建议

结论：红烧肉很好吃，但是吃的过程中注意区分，某理论指导下做的红烧肉会更好吃。

（3）博士论文

序言：历史中猪肉食谱的文献综述、理论意义和现实价值、不足和问题

第一篇（第一章到第三章）　猪是怎样养成的

第二篇（第四章到第五章）　猪的各个部分肉质的区分和作用

第三篇（第六章到第七章）　理论的不同发展阶段对红烧肉发展的影响和启示

第四篇（第八章到第十章）　红烧肉制作的实证研究（变量选取、理论模型和计量分析）

结论：红烧肉是不是可以吃，取决于很多复杂的因素。总体来看，在满足一定约束条件的情况下，红烧肉是不错的营养食品，但操作过程的障碍还需要通过真学、真懂、真用各种理论。在有必要的情况下，需要进行理论创新，红烧肉可以更好地实现增加营养、避免增肥和促进口感的作用。

以一盘红烧肉的文章为例，对本、硕、博区别所做的解读，至少

说明这样几个问题：

第一，本科生专注于对某个问题的研究，论述集中，但视野偏窄。硕博研究生则需要搜集大量资料，做文献研究。这就需要具有宽广的视野，力求把所有对某个问题的研究成果都搜罗在手。如此，才能知道别人已经做了什么，才能找到自己的研究方向。

第二，硕博研究生要掌握某种理论，研究成果要有理论支撑。理论，不是硬贴上去的，而是观察和分析问题。如此，才能突破“就事论事”的桎梏，从表象看本质，也才能“见人之所未见”，在观点上有所创新。

第三，硕博研究生站位一定要高。“学贯中西”“博古通今”。如此，才能具有国际视野和世界胸怀。

尤其是博士研究生，不仅仅是知识的学习者、传承者，更是知识、理论的创造者。

（1）讨论式教学——我是“引导者”

地方院校，每年招收博士生的名额是比较少的。分配给新闻传播学院的指标，也就是 4 至 5 个。再加上少量的外国留学生，也就是 6 至 7 个博士生。

博士生上课，有时在小会议室进行；有时索性就在我家里进行。

我上课的方式是引导式加讨论式。

引导式，就是每次课都围绕一个主题或问题来进行。比如博士的站位、博士的视野、博士的思维、博士的情怀等。这个主题或问题由我来确定，并提前告知博士生。

讨论式，就是先由我开场，简明扼要地讲明本次课程的主旨、意图和基本观点，然后，每个博士轮流发言，围绕主题或问题进行交流。在交流的过程中，大家各抒己见，畅所欲言。大家可以争论，可以谈出不同甚至相反的意见。最后，由我进行总结和点评。

博士生们对这样的教学方式倍感兴趣，积极性颇高。每次上课，大家都觉得意犹未尽。不知不觉，半天的时间就过去了。

我之所以采取这样的教学方式，是根据博士研究生的实际状况确定的。

博士研究生，一般需要硕士毕业，再经过笔试、面试，层层选拔而来。在面试阶段，还需要提供论文、著作、项目等学术资料，再经过量化打分，择优录取。应该说，能考取博士研究生，学术基础还是比较扎实、科研能力还是具备的。

不过，现在的博士生，学习能力虽然比较强，但创造、创新能力比较弱。虽然有少数博士生来自媒体或其他单位，有一定的实践经验，但多数属于出校门、进校门，对现实情况把握不足。其表现是：观察事物、分析问题站位偏低，大局意识不强。

我给博士生上课

比如，传播学是从国外引进的。有关传播学的理论、观点包括一些实证研究，都是“舶来”品。那么，符合我国国情的中国传播学，具有什么特点？该如何建立中国特色传播学？

再比如，在传播学如日中天、方兴未艾的今天，新闻学面临着哪些挑战？日渐式微的新闻学如何突破瓶颈，走出困境？

所有这些，都是需要研究者们关注和深入思考的。

因此，我认为，博士的教学，不再适合照本宣科式讲解，而应围绕某些问题，进行探讨式研究，充分调动学生的学习积极性。要做到这一点，开阔视野，打开思路是极其重要的。

（2）走向田野——我是组织者

博士生也是学生，教学也要走出书斋，到田野去呼吸新鲜空气。

每个学期，我都会安排一两次田野“观光”活动。

河北大学地处保定市东部。出去几公里，便是农田和村庄。

春夏之交，我会和几位博士生一起到麦田采风。在清苑区国公营附近的大吕庄村、小吕庄村一带，我们走进麦田，观察小麦的生长情况。有一次，两位过路的农民看到我们，以为我们是河北农业大学的师生，老远就打招呼。这件事，让博士生们非常开心。

学生的田野“观光”活动

参观完麦田，我们又到附近的观音寺浏览。这座观音寺在当地很有名。更有意思的是寺里的宣传图板，不是介绍捐资助教，就是介绍扶贫助困。我们边走边感慨：佛教寺庙都讲究正能量，讲究形象传播。我们专门研究新闻传播的人，就更应该讲好中国故事，做好对内对外的传播工作。

田野“观光”活动留影

还有件小事，让我记忆深刻。

一次，我们路过一片杏园，树上结满的青杏引发了大家的兴趣。一位留学生博士，不小心弄掉了 1 枚青杏。这本来算不得什么，可是，我看到这位学生从衣兜里掏出 1 元钱，别在树杈上。我特别欣赏这位同学的做法，当场表扬了他。

（3）确定选题——我是评判者

“题好文一半。”这句话，对于所有写文章的人，都是适用的。

选题决定着研究和写作的方向与角度。题选好了，事半功倍；题选偏了，则事倍功半。

因此，每年的博士生论文开题（包括硕士生和本科生开题）都是让老师和学生非常头痛、极其焦虑的事情。

我对博士生的论文选题，一般按照 3 个步骤实行：

首先，要求每人至少提交 3 个选题，并说明选题来源、意义等。这个环节不能省，更不能越俎代庖。因为，选题本身就是一种学术训练。题都不会选或选不好，怎么能写出好文章？

其次，对选题反复斟酌、掂量，看其是否有鲜明的问题意识，针对性强不强；看其角度是否合适，过大过小都不行；看其是否有新意，能否在某一点上有所突破。如此等等。

最后，我帮助拟定选题。当学生选题陷入困境，实在制定不了像样的选题时，我或提供线索，或提供思路，直至帮助学生确定选题。

在本科生和硕、博研究生的论文选题中，最常见的毛病是选题缺少针对性，研究对象不明确；还有的空洞无物，概念化、一般化；也有些选题，缺少角度，体现不出亮点和特点。如此等等，不一而足。

作为导师，在学生的学业上既是“评判者”，更是“领路人”。俗话说“严师出高徒”，当导师的认真负责，率先垂范，学生才能终身受益。

3. 两位较有特点的博士生

从 2011 年担任博导，到 2019 年退休，我总共招收了 8 位博士研究生。其中，有两位较有特点，特简述如下。

王敬照

王敬照来自《河北日报》社，是一位记者。他虽然没有系统地学过新闻传播，但熟悉媒体，有比较丰富的业界经验。他的突出成就是获得过中国新闻奖一等奖。要知道，中国新闻奖是新闻传播领域的最高奖。尤其是一等奖，每个省每次评选能获得一个，就非常不容易了。王敬照能获此奖，说明他的政治敏感、新闻敏感和采访写作功底都是比

王敬照

较强的。另外，他来自媒体，更加知道自己的短板在哪里，有哪些问题需要解决，学习的动力和针对性更足、更明确。

王敬照既要学习，又要工作，压力可想而知。他扛住了压力，学习、工作都很出色。

王敬照的博士论文是《白洋淀生态报道研究》。这个选题是在雄安新区成立之前的2016年确定的，应该说具有相当大的前瞻性。因此，预答辩、答辩都很顺利，一次通过。

毕业后，王敬照很快担任了《河北日报》时政新闻部副主任。2019年，刚刚41岁的他晋升为正高级职称。应该说，进步非常明显。

迷兰

迷兰是一位来自俄罗斯的留学生。她读新闻传播学，她的丈夫来自埃及的迷祖读汉语言文学。

这一对小夫妻，在河北大学的留学生中也算是名人了。

我曾去过他们居住的留学生公寓。在10多平方米的房间里，最醒目的是满满一墙的汉字拼音手绘图表。迷兰拿出两个本子，上面写着还算漂亮的汉字与注音。我故意挑出几个字让迷兰读。其中一个“猜”字比较难，但迷兰读得正确且标准。我问

迷兰

迷兰：“你读得不错，为什么还要迷祖帮你翻译呢？”她的丈夫迷祖笑着说：“这就像许多人学英语一样，怕别人笑话呗。”迷祖是埃及人，迷兰是俄罗斯人，一个来自非洲，一个来自欧洲。我请他们找出世界地图，分别找到他们的家乡。此时，一个强烈的感觉，就是遥远。不过，来自非洲和欧洲的两位学子，最终相聚相爱在亚洲的河北保定，这是多大的机缘啊。

感慨于他们的传奇，我写了一篇散文《我的俄罗斯女博士生》，发表在《保定晚报》副刊上（文章见附录）。

迷兰的博士论文《俄罗斯主流网站“TASS. RU”中的中国形象研究（2012—2017）》顺利通过。毕业后，她留在了河北大学国际学院教授俄语课程。她的丈夫迷祖，即将从人文学院博士毕业，并开始教授阿拉伯语和外语文化课。

第七章　退休时，我以新闻为轴画了一个“圆”

2019 年 10 月，我年满 65 周岁，办理了退休手续。

原来，按照规定，一级博士点的原创导师可以工作到 70 周岁。我符合这一条件，所以，2019 年还招收了 1 位博士生。这样，等到博士生 3 年学业修满，我便可以顺理成章地退休了。

计划赶不上变化。

2019 年，河北省出台规定：65 岁必须退休。尽管消息来得突然，我没有思想准备，但规定就得执行。接到学校人事处通知后，我办理了退休手续。

如果从 1973 年我当公社广播员开始接触新闻，与新闻“结缘”算起，到 2019 年，已经 46 年多，接近半个世纪。这中间，从学新闻、教新闻、干新闻，再到教新闻，算是以新闻传播为轴，画了一个“圆”。本书的书名《我的新闻“缘”又“圆”》，盖出于此。

不过，“革命尚未成功，同志仍需努力”。

此时，我还有3位博士生和几位硕士生没有带完。学院意见，希望我继续把现有的硕、博研究生带到毕业。

此时，我完全可以以退休为由，把几位硕、博研究生转出去。但是，尽职尽责一辈子的责任感告诉我：善始还要善终。我没有过多犹豫，继续把任务接了下来。

在学校举行的典礼上，我代表退休教师做了发言后，便开始筹划自己的退休生活。

一、活到老，学到老，我开始“补课”

说来惭愧，琴棋书画、吹拉弹唱等文化娱乐技能，我基本不会；足、篮、排、乒等体育特长，我基本没有；养狗、养猫、钓鱼、遛鸟等业余爱好，我也没有兴趣。可以说，除了养几盆花、做做家务，我就剩下读书写文章了。

我在做饭方面，还是不发愁的。包饺子、蒸包子、烙馅饼、蒸窝头等，我都会做；煎鱼、炖肉等，做起来也不成问题。虽然色香味不敢自夸，但基本上也能拿得出手，自我服务还算绰绰有余。

也多亏了我“下得厨房”，不然，老伴儿长期在天津照看孙女（已经8年多），我大多时间独居在家，岂不饿死？

树有根、水有源。之所以如此，也和我从小的成长环境有关。

前文说过，我从小生活在农村。读小学、中学时，基本没有文化娱乐设施，更没有这方面的课程和培训。所以，文体方面的兴趣和特长便没有培养和建立起来。此外，由于我和年岁较大的父母生活在一起，从小便像个小大人儿一样，什么家务活儿都干一些。天长日久，便养成了做饭收拾家务的习惯。“塞翁失马，焉知非福”，这也为我今天的生活创造了条件。

在我小学、中学读书期间，正赶上“文革”。语文、数学等少数课程虽然也上，但历史、地理等课程是没有的。这也造成了我在文学、史学、哲学等方面的不足。

退休了，没有特别紧急的任务了，我开始安排自己的“补课”计划。

其一，读古文经典。

我有全套的《诸子集成》，但读起来太费劲了。一是竖排版，二是字太小，三是留白少。看上一会儿，便觉得头昏脑涨，很不舒服。于是，我选择字体大、又配有彩图的国学典藏《四书》来读。

四书即《论语》《大学》《中庸》《孟子》。这种书，被称为“研习国学的理想读本，修身立德的永恒经典”。我一篇篇读下去，兴味盎然。读完《四书》，又选择五经即《周易》《尚书》《诗经》《礼记》《春秋》的部分篇目。这些古文经典，以前多多少少、断断续续接触过，但从未系统学习和研讨。我把原文和译文对照，也读得有滋有味。

读书，不是要完成什么任务，而是兴趣使然。如老子的《道德经》，我先从电脑上下载，并打印出来，然后参照译文，一段一段慢慢体会。“道可道，非常道。名可名，非常名。无名天地之始；有名万物之母……”虽然并不能深刻理解，但内心的震撼是必然的。我不明白，全文5000字，分为81章的《道德经》，作为中国历史上首部完整的哲学著作，包含了多少深奥玄妙的哲理啊。几千年前的古人，何以有如此智慧，其头脑、胸怀、眼光等，又为何如此缜密、宽广和深邃呢？

读古文经典，还有一个益处：防止老年痴呆。“流水不腐、户枢不蠹”，脑子不用是要生锈的。我自信：长期坚持下去，对身心健康肯定是有好处的。

其二，读历史书。

中华五千年历史，源远流长。既有繁荣辉煌，也有艰难曲折。历史的积累，铸就了今天的灿烂文明。“知古而察今”。了解历史，可以更好地知悉现在。学习历史，可以从历史的生存演变中体会生存智慧，从历史人物的叱咤风云中感悟人生真谛。

我读的历史书有典藏版的《中华上下五千年》《中国历史通俗演义》等。除了通史，我还读一些断代史，如《元朝那些事儿》《唐太宗》《唐玄宗》《乾隆皇帝》等。

二、“管住嘴、放开腿”，我的生活很有规律

退休后，我的生活更有规律了，早晨 6：00 左右起床，7：00 左右早餐。上午，沏上一杯茶，便坐在电脑旁，开始浏览网站新闻（也在电脑上打打扑克），然后，开始读书或写作。中午，休息 1 小时。下午，到保定军校广场走步，回来时到市场买菜。晚饭后，开始追剧，主要是央视 8 频道播放的电视连续剧。如果对电视剧不感兴趣，则看看其他频道。晚上 10：30 前后，上床休息。

我的血糖偏高，已经20多年了。控制血糖的最好办法，除了打针（胰岛素）吃药，就是坚持“管住嘴、放开腿”这6个字。

1. 管住嘴，就是拒绝甜食，尽量少吃面食

要做到这一点，极其困难。因为，甜食是很有诱惑力的。各种点心、各种水果自不必说，就连馒头、米饭等食物，糖的转化率也比较高。因而，要拒绝诱惑，也是需要毅力的。

我也常常觉得委屈：生活条件好了，不再为“吃”发愁了，许多东西反倒不能吃、不敢吃了。过去，是没东西吃也吃不起；现在，是放着大米白面吃粗粮，放着各种水果吃黄瓜西红柿。真是太不公平了。可转念一想，世上没有万全之事。要想健康地活着，就得有所取舍、有所节制。血糖偏高者，仅仅是不能吃甜食，患其他疾病的人，有的不能吃肉食，有的不能吃海鲜，有的甚至不能正常吃饭。“老天”虽然为你关上了一扇门，但毕竟为你留下一扇窗。这样，还不算公平吗？

如此一想，顿觉释然了。

20多年来，我很少吃香蕉、西瓜、苹果等水果，即使吃只是尝尝而已，不敢放开吃。各种糕点、甜食，基本拒绝。就连馒头、米饭等，也吃得不多。

有很多人劝导我，适当注意即可，不必太在意了。我以为，“管住嘴”也是一种意志磨炼。今天不在乎，明天不在乎，时间长了，并发症出现了，一切都晚了。比如，有一段时间，我早上的空腹血糖总是高，什么原因呢？我自己回想：晚餐吃了什么。想来想去，觉得可

能是小米粥造成的。从此后，粥类食物不敢再吃。

淀粉类食物少吃，肉类和蔬菜类必须跟上。多年来，我形成了多吃蔬菜的习惯。牛奶、鸡蛋和鸡鸭鱼肉等，一天也不能少。否则，营养跟不上，身体也是要闹毛病的。

久而久之，“管住嘴”成了一种习惯。

2. 放开腿，就是坚持锻炼不偷懒

走路，是最好的锻炼方式，我已坚持了 20 多年。

走路，有快走、慢走，大步走、小步走等多种。我以为，散步似的小步慢走，达不到锻炼目的。大步快走，走得微微冒汗，效果才能更好。

我身高 1.75 米。我在广场走路时，步幅保持在 0.8 米左右，（广场铺设的条形砖，长 1 米），时速 5 公里左右。我有个好习惯：走路时甩开胳膊，昂首挺胸。这样，也基本能达到全身锻炼的目的。

保定军校广场，占地面积 20 万平方米（310 多亩）。绕着文化墙走 1 圈儿，大约 1500 步（1200 米）。我走 3 圈儿，再加上来回的路程，便可达到 8000 步（6 公里）。我折算了一下：平均每天步行 5 至 6 公里，除去风霜雨雪天气不宜锻炼，每年锻炼天数可达 300 天。20 多年下来，我已步行近 8 万里，等于绕地球走了 1 圈儿。

走路，给我带来了许多好处。

首先，步态轻盈，两腿少有拉不开栓的沉重感。

在广场走路的人中，我超别人的时候多。不少人当面赞叹，说我像个军人，问我是否当过兵。也有人说我的精神、气质特别好，完全不像个老年人。但随着年龄增长，我也开始有意识地放慢速度，以保护膝盖并让自己感到舒适为止。

其次，很少闹病，自我感觉良好。

多年来，我去医院看病不多。尽管是冬天，也从未戴过帽子（从大学毕业至今 40 年了），但感冒极少。（以后，慢慢改变冬天不戴帽子这一习惯。）

再次，心情愉悦，精神好。

这一条我感受尤其深。从大年初二开始，我一直走到腊月三十。春天，从“草色遥看近却无”到 3 月初的迎春花开、柳树冒芽；夏天，从蔽日浓荫到蝉噪鸟鸣；秋天，从树叶泛黄到落叶缤纷；冬天，从万物萧瑟到雪霜铺地。我阅遍了景色变化。有时，一边走，一边背诵些应景的古诗，如“天街小雨润如酥，草色遥看近却无”“人间四月芳菲尽，山寺桃花始盛开”“力尽不知热，但惜夏日长”“北风卷地白草折，胡天八月即飞雪”等。可谓自得其乐，好不快活。

三、有机会旅旅游，饱览祖国大好河山

这几年，我和部分大学同学游览了四川、陕西、安徽和大西北的内蒙古、甘肃、青海等地，看遍了高山大川、戈壁荒原、锦绣河山。虽然大多是走马观花，但内心的愉悦和幸福感是难以言表的。

以前出差，我也曾到过不少地方。退休后的旅游和以前不同：时间相对宽裕，精力相对集中。还有，和大学同学一起，没有陌生感、戒备心。大家无话不谈，尽兴交流。所以，玩儿得比较畅快。

在川西，我见识了10月飞雪。此时，刚刚过了国庆节，北方都很难见到雪花。然而，在四川丹巴，鹅毛大雪铺天盖地，不一会儿就把道路、山峦装扮得银装素裹，令人称奇。

在三江源，我见到了素有“中华水塔”之称的长江、黄河、澜沧江发源地的涓涓细流。成群的牦牛、蜿蜒曲折的小溪、清澈的蓝天、纯白的云朵，无不让人心旷神怡、感慨万千。

在内蒙古额济纳旗，我徜徉在胡杨林景区。金灿灿的树叶、饱经岁月沧桑的树干和倒而不枯的身姿，让人遐想无限。

在青海翡翠湖，或淡青，或翠绿，或深蓝的湖水，交相辉映，晶莹剔透，宛如仙境。

在安徽黄山脚下的宏村、西递，我领略了徽派古村落的神韵。

……

旅游，做功课很重要。每去一地，我都要上网查查资料，重要的地方记下来，做到心中有数；旅游归来，我还要做笔记，甚至写成文章。2020年，我们部分同学到西北西南5省区旅游，行程5000多公里。归来后，兴之所至，写了一篇《在西部追寻“诗”和远方——西北西南行侧记》，在河北省的《燕赵都市报》和《保定日报》发表。

我以为，趁着腿脚尚好的时候，尽可能多地走一走、看一看是一件很有必要的事。我越来越感到：随心所欲和为所欲为这两个词语用在我们身上是非常准确的。“随心所欲不逾矩”，“规矩”是不可逾越的，剩下的，就是按照自己的喜好和想法，去做想做、能做的事情，并且，要立即去做，不能等待、不能拖延。否则，再好的想法，也可能落空。

四、上网刷手机，不远离社会时尚

抗击新冠肺炎，让手机“扫码”变得须臾不可缺少。健康码、行程码自不必说，核酸检测、疫苗注射等，也时时、事事离不开手机。可以说，现代社会没有智能手机或不会使用智能手机，简直寸步难行。

上网刷手机，既是必须，也是时尚。

我多次看到，许多像我一样的老年人，没有或不会使用智能手机，以致带来了许多不便。我更感到：一定要学习和接受新事物，决不能远离社会和时尚。人一旦把自己封闭起来，那就是真正的“老”了。

电视、电脑和手机，对于我来说，如影随形，须臾不可缺少。不过，在刷视频、读微信、看各种帖子时，也常与痛苦相伴。原因无它，就是各种所谓的文章完全没有章法，根本不合逻辑。

也许我是“新闻人”的缘故，“新闻”已深入骨髓，总习惯于用新闻的标准来衡量所有的帖子和网站文章。比如，帖子和文章是传播信息和观点的。传播信息，总要告诉人家点儿事实，发生了什么事情，发生这件事情的时间、地点，事情的原因和结果，等等。然而，有的文章故弄玄虚，文题不符；有的离题万里，不着边际；有的错字连篇，言不及义，等等。如此不负责任、不知所云的文章，让我痛苦不堪。

我认为，技术再先进，终归是为人服务、为传播服务的。“算法”

也好，大数据也罢，必须要由人来把关。否则，就是“流毒万里”，害己害人。

有朋友劝我：对于网上的文章，不必较真儿、更不必生气。想想也是。愿意看就看上几眼，不愿看，“飘过”就是了。不过，认真了一辈子的我，有时还是会“较较真儿”。

总而言之，就是要尽可能地学习，保持一颗好奇、敏锐的“童心”。不如此，就会与社会脱节、与时尚“隔膜”。那样，人的心理寿命，就要大大缩短了。

附录：部分作品

我与新闻系（学院）老师“称呼”上的几件趣事

1982年春天，我从复旦大学新闻系毕业后，被分配到正在筹备创办的河北大学中文系新闻专业任教，一待就是10年。2003年，我在河北石家庄的一家省级报社工作了11年后，被引进到河北大学新闻传播学院工作，转眼又过去了16年。在从学界到业界、又从业界到学界的几十年里，我与复旦大学新闻系（学院）的老师们有过一些交集。尤其是最近的10多年，我在担任二级教授和博士生导师期间，和复旦新闻系（学院）老师们因学术问题交流就更多。有几件称呼上的趣事，虽然很小，却一直深深印在我的脑海里。

“年龄小，也要称呼师母”——刘海贵

刘海贵，是我的任课老师，也就是同学们口中所谓的“亲老师”。

刘老师曾几次受邀，来河北大学新闻传播学院担任研究生答辩委员会主席。

有一次，刘老师偕夫人一起来河大。我和同班同学焦国章准备一起去看望刘老师夫妇。

怎么称呼刘老师的夫人呢？是喊师母，还是喊嫂子、弟妹？

刘老师 1950 年生，比我长几岁。焦国章 1947 年生，比刘老师还大几岁。

按说，我和焦国章分别称呼嫂子和弟妹，也能说过去。

“喊师母，不管年龄大小，辈分不能错。”焦国章没有片刻犹豫。

这件事，让我记了十几年。

“一日为师，终身为父。”这是古话。虽是古话，体现的却是师道尊严，是一份应有的尊重和崇敬。

知识、学问、品德、修养、能力等，和年龄并不成正比。作为传道授业解惑的恩师，不管年龄大小，都要终生予以尊重。虽然在年龄差距并不大的情况下，以平辈人称呼也无不可，但我觉得，该尊者一定要尊之，这是不能含糊的。

“同学的同学也是同学”——童兵

2019 年 4 月 12 日，童兵老师一行来到河北大学新闻传播学院，就马克思主义新闻观教育进行交流。

我是复旦的毕业生。母校的老师们来了，我自然要接待和作陪。

童兵老师，那可是新闻传播学界的“大咖”。但我觉得，对于母校的老师，称呼越自然、越亲切越好。

童兵老师没有教过我，我们也没怎么见过面。尽管如此，我们却神交已久。

我在发言中，讲到了我和童老师的三个“接近点”或称“关联点”。

我说道：“童老师应该属马，我也属马。看到童老师身体这么棒，精神状态这么好，我萌生了一个心愿：12 年后的我，能像现在的童老师一样。我要按照这个目标去努力。这是第一点。

第二点，童老师是中国人民大学甘惜分先生的博士生，我的同班同学高冠钢是复旦大学王中先生的博士生。你们同为改革开放后的第一批新闻学博士。从这个意义上来说，同学的同学也是同学。

第三点，我的硕士生，是童老师的博士生。”

我的发言，使在场的老师和同学发出了会心的微笑。

事后，童老师和同行的林溪声老师都对我说：“你的发言特别真诚，让人心里温暖。”

“师弟师妹的称呼最亲切”——孙玮、廖圣清等老师

这几年，复旦大学与河北大学两个新闻学院之间的来往和交流明显增多。这是因为：河北大学毗邻雄安新区，到雄安新区考察、调研和进行学术交流十分便捷（只有半个小时车程）。还有，复旦大学新闻学院是学术研究、人才培养的领军院校之一，实力雄厚，声名远播。河北大学新闻学院的发展和提高，离不开复旦大学等名校的帮助和支持。

正因如此，复旦新闻学院的老师们隔三岔五地来到河大，我与老

师们交往的机会也多了起来。

见面较多的是廖圣清老师。

廖老师既来河大当过答辩主席，做过学术报告，更是带领河大的研究生到雄安新区实地考察和调研。

尽管廖圣清学术成就不小，但年龄却比我小很多。自然而然，我们就以“师兄”“师弟”相称。每次见面，先是握手、拥抱，再是聊天叙家常。

直到现在，我们还在华为手机的“运动健康”上相互点赞。

今年5月18日，孙玮老师也来河大当答辩主席了。

头一天晚上7：00多，孙玮才风尘仆仆赶到河大。

晚餐时，我们两位“师兄”“师妹”很自然地坐在了一起，尽管她已是复旦新闻学院的副院长。

我在一篇《名师访谈录》（2009年10月）里，曾读到孙玮老师的这样两段话：

> “做新闻传播，不仅要对传播业敏感，还要对整个中国社会和世界有准确的判断和认识。做新闻传播学的学术研究，必须对社会有把握，而不是躲在书房看书。”
>
> “要不满足于做专家，要做公共知识分子。”

对此，我深以为然。

称呼，是小事，也是大事。在很多场合、很多情况下，不带官衔、学衔的称呼，更透着亲切、亲近。我与复旦新闻系（学院）老师们称呼上的几件趣事，在某种程度上，也体现着复旦的情怀、包容和讲求实际、不务虚名的精神，与复旦校训“博学而笃志、切问而近思”，亦有一定关联。

（本文刊登于《新民晚报》2019 年 11 月 3 日）

我的小组我的“家”

我所在的学习小组共有 9 位同学。除了周圆、施培宁 2 位女同学，王德敏、李新、张俊、罗晓岗、刘强、时云福和我 7 位男同学，还是一个寝室的室友。

一块儿扛过枪、一起同过窗。人世间最深的感情，除了家人之间的亲情，莫过于这种由朝夕相处、同甘共苦所凝结的战友情和同学情。有时，战友情和同学情甚至胜过家人之间的亲情。

我在复旦大学新闻系求学的 4 年间，就深深感到了无处不在、亲如兄弟姐妹般的同学情。尤其是我的学习小组，如同我的“家”一样，给了我温暖、关爱，给了我向上的动力和奋斗不止的勇气。

女士优先，先说说周圆和施培宁两位女同学。

平心而论，在校期间，除了上课和小组活动，我们和两位女同学的联系并不很多，深入了解较少。印象中，周圆戴着一副颜色比较浅的眼镜，脸型像她的名字一样周周正正，还有点儿“圆”。周圆说话，条理性强，丝丝入扣，属于才女和“学霸”型。施培宁呢，年龄较小，我们都称呼其为“小宁”——这种称呼一直延续到今天。别看年龄小，乍看上去甚至稚气未脱，但施培宁却常常有不同凡响的见解，称其“少年老成”也不为过。

我对两位女同学的了解，在毕业若干年后的多次交往中，逐渐多了起来，印象也日渐深刻和清晰。

2015 年 9 月 26 日，新闻 7713 向母校捐赠油画《教授们》之后，我们部分同学在李新、荣牧民的热心组织和陪同下，踏上了游览崇明岛的旅程。其中，就有周圆同学。也是在这次观光和游览的过程中，周圆讲起了她高考之前在农场插队时的情景：那时，她和许多知青一样，担河泥，插稻秧，什么苦活儿累活儿都干过。别看周圆是女同学，却没有丝毫的懦弱和娇气。相反，她泼泼辣辣，敢干敢闯，是当时最为时尚的“铁姑娘”。周圆的这种泼辣性格，使她不甘平庸。她大学毕业参加媒体工作不久，就勇敢地跳出“体制”，不但移居澳大利亚，而且跻身于财政学和营养学领域，还干得风生水起，有声有色。

说施培宁同学常常有不同凡响的见解，也是有根据的。那是2011年的4月14日，刘强同学组织7713的部分同学到陕西观光考察。在去延安的大巴车上，刘强请每位同学发表感言，以解旅途之寂寞。当轮到施培宁发言时，她关于人生和处世态度的见解，让大家精神为之一振。因为她谈到了佛学，话语中充满“出世”的超脱与洒脱。不过，施培宁身上所展现的更多的是可爱。2011年10月，我邀请部分同学到河北的狼牙山、白洋淀、西柏坡、赵州桥等地游览，施培宁同学参加了。在白洋淀，施培宁像个小朋友一样，处处充满着好奇。一片枯萎的荷叶，一颗栽种在地边的萝卜，都能让她“探究”半天。她的“童心童趣”，让我们羡慕不已。

说过了女同学，再来说说我们小组的几位男同学。

李新和王德敏，是我们小组的“学兄”。两人都是上海人。李新文质彬彬，谈吐儒雅，再加上他那件没有口袋的蓝色衫褂，由内到外，透出一股“学者”风度。李新说话语速不快，讨论或聊天的时候，他大多是静静地听着，发表意见时，言辞并不激烈，但却善抓要害，常常三言两语，就说到了点子上。

李新是个极其细心的人。2015 年，他参与策划了新闻 7713 向母校捐赠油画《教授们》的活动。作为这次活动的成果之一，印制了重达 1.5 千克的精美的捐赠纪念册。在纪念册上，按照每个同学的学号，从 7713001 到 7713059，59 位同学入学时的照片和手写签名，赫然排列，让毕业 30 多年后的同学们激动不已，感慨万千。原来，这些照片和签名，都是李新同学从新闻系存档的 1977 级学生卡片上扫描来的。还有 7713 的课程表，也让大家找回了当年的记忆。

除了细心、严谨，李新办事还特别公道。捐赠结束后，主要负责“财务”的李新反复征求大家意见，剩余的尾款该如何处理？大家觉得。剩下的钱并不多，索性当作下次聚会的经费或者暂存留作他用。李新反复申明，一码归一码。最后，还是按照一定比例，由李新分别把尾款退还给大家。由开始时的一笔一笔收，到结束时的一笔一笔退，李新不厌其烦，体现了“大管家”账目公开、透明的极端负责精神。

王德敏的特点是沉稳、有气度。作为上海人，他很细致和精明。有一件小事，让我至今记忆深刻：一次去食堂吃饭，王德敏带的钱票不够，向我借了一毛二分钱。回到宿舍，德敏立即归还了我。我当时那个吃惊啊，怎么会这样？王德敏告诉我，“亲兄弟明算账”“好借好还，再借不难”。我虽然还是不太理解，但也从这件小事上，感受到了上海人既讲友情，更讲原则的处事风格。

王德敏同学和我的“互动”比较多。洗澡时相互搓澡，买饭时相互就伴儿。在我眼里，这个“大哥”很是随和、亲切。按现在的话来说，就是很有亲和力。

再来说说我们小组的罗晓岗和刘强。

罗晓岗来自四川雅安，刘强来自陕西西安。

罗晓岗知识面宽，文学功底尤其深厚。在我的印象中，晓岗好像“无所不知”，口才也很棒。并且，他的一大特点是爱“较真儿”，凡事都要辩出个“子丑寅卯”来。在宿舍里，我们常常会就某个问题进行讨论，最后的“胜利者”往往是罗晓岗。大学毕业后，罗晓岗被分配到《四川日报》社。一路干下来，最后担任了报社集团总编辑一职。我想，晓岗同学的成就，和他特别敬业、事事追求完美的性格和修养是密不可分的。

刘强比我小几岁，但交往能力却比我强得多。尤其让我吃惊的，是他“万金油”般的各种课外知识。当时，彭德怀还没有平反，刘强就多次为彭德怀鸣不平。讲起彭德怀在庐山会议上的“万言书”，在朝鲜战场上喊出“38 军万岁”等，刘强都是一套一套的。刘强说话并不强势，但特别有主见，属于“路见不平一声吼”的人。这一点，在后来的多件事情上都得到了验证。

来自山东阳谷的张俊、来自江苏新沂的现役军人时云福，与来自河北吴桥的我，生活习惯更接近一些。平时的交往也更多一些。

星期天，我们常常就伴儿到五角场去玩儿。五角场，那时还比较破旧。在其西北角，有一家低矮的饭店，主要经营阳春面。阳春面一毛三一碗，没有什么特殊的佐料，就是清水煮面，然后撒上些小葱，浇上点儿醋和酱油。就是这碗阳春面，让我对上海小吃留下了深刻印象。

张俊同学阅历比较丰富，分析问题头头是道。在宿舍讨论问题时，他和罗晓岗论辩较多。可能也是缘于这种平时的历练吧，张俊毕业后分配到山东省政府办公厅工作，一直干到副秘书长（正厅级）。从一线退下来后，他又担任山东省行政管理协会常务副会长，策划组织了沿海省份经济合作等许多大型活动，在山东政界有着不小的影响力。

时云福是军人，走路昂首挺胸，步伐铿锵有力。时云福还是个“诗人”，常常吟诵几首自己创作的“小诗”。大学毕业后，时云福常驻安徽芜湖，为总部设在上海的一家媒体工作。现在，时云福的日子过得很潇洒，工作的事情，他只要动动嘴安排安排就可以了，不必亲力亲为、劳心劳神了。

最后说说我。在我们小组，我是比较“弱势”的。我出身农民，来自农村，虽然当时的社会风气很好，同学们之间没有攀比，没有歧视，但在一个人才济济、群星璀璨的集体里，我多少还是有些压力的。比如，我们组能人较多，大家的知识面都很宽，一个个谈吐不凡。怎么办？知耻而后勇，我就拼命学。早上，我学英语（刘强学英语最用功），背唐诗宋词和《古文观止》。那时，宋词一百首我可以倒背如流。晚上，我一头扎到图书馆，阅读世界文学名著。《悲惨世界》《茶花女》《红与黑》等，我一连读了几十本。我暗暗下定决心：现在我最“弱”，将来我要“强”。

毕业后，我没有进入新闻媒体，而被分配到河北大学新闻专业当教师。这让我心有不甘。10 年后的 1992 年，我历经挫折，来到位于省会石家庄的省政府机关报《河北经济日报》社工作，终于圆了我的记者梦。其间，我担任总编室主任（正处级），评上了高级编辑。11年后的2003年，我又被引进到河北大学，现在是新闻学院的二级教授、博士生导师。

40年前的高考，让我进入了多少学子梦寐以求的复旦大学新闻系。4年的求学，让我从尊敬的老师那里，从每个同学那里学到了许多许多。今天记下的我的小组，只是“管中窥豹”。尽管如此，也足以让我铭记一生、受益一生。

我的俄罗斯女博士生

在我的博士生中，有一位来自俄罗斯的女留学生，名字叫迷兰。她的丈夫，来自埃及，现为河北大学文学院博士生，名字叫迷祖。

在我同迷兰的交往中，她和迷祖的许多趣事，让我印象深刻，现记录于此。

“陋室”里的异国小夫妻

两年前的2016年1月4日，我来到了位于河北大学南院的留学生公寓（俗称“大白楼”），想见一见学习新闻传播的我的博士生迷兰，和她交流一下博士生的学习情况。

迷兰夫妇居住的小屋只有10平方米左右，除了一张双人床、一张书桌、一个书柜，所剩空间不多。房间虽然有些狭小和拥挤，但布置整洁。据迷祖说，在留学生宿舍卫生评比中，他们的小屋还获得了第一名。

宿舍的几乎一整面墙上，是标注着汉字和拼音的大幅手绘图表。这幅图表，替代了新婚夫妇家中应有的新婚照，显得十分别致，也让我对他们学习汉语的刻苦和努力，有了直观印象。

迷兰从书桌上拿来两个小本子，里面写满了还算漂亮的汉字和注音。我故意挑出几个字让迷兰读。其中一个比较难的“猜”字，迷兰读得正确且标准。我问迷兰：“你读得不错，为什么还要迷祖帮你翻译呢?”迷祖接过话题，笑着对我说：“这就像许多人学英语一样，怕人笑话呗。”

迷兰和迷祖还给我看了他们的结婚证。结婚证上，他们相偎相依，十分亲密。此时的迷兰，多少还有些羞涩，迷祖却大大方方的指给我看：他是1989年生人，迷兰是1977年生人，两人相差了12岁。迷祖接着补充道，留学生的结婚证，必须到省里办，市里是办不了的。

这又让我为之一惊：这对留学生小夫妻，完全没有我们国内的世俗观念。他们信奉：只要爱情在，年龄不是问题。（据迷祖后来透露：是他追的迷兰。当他看到晚入学一年的迷兰时，就一见钟情，认定她就是他未来的妻子，于是展开了大胆的追求。）

我请迷兰拿来世界地图，分别找到他们的家乡所在地：一个在欧洲，一个在非洲。现在，他们共同生活、学习在亚洲的中国保定。我心里不禁又一惊：这样横跨三大洲的结合，是某种巧合，还是机缘注定？

迷兰的博士论文选题

迷兰是俄罗斯人。这几年，中俄关系友好，交往频繁，这为迷兰的学术研究带来了极大的便利。

前年，迷兰利用寒假时间，到俄罗斯的主流网站“TASS. RU”搜集网站报道中所呈现的中国形象问题。她采集了上千篇报道，做数据统计和量化分析。现在，论文选题已大致确定。此外，她还撰写了《塔斯社和新华社对美国大选报道的对比研究》等论文。可以说，迷兰在学术研究上还是很认真和努力的。

迷兰和迷祖曾到我家里来过两次。一次是从俄罗斯归来，另外一次就是今年的3月16日，他们刚刚从埃及归来。

埃及是迷祖的家乡，他就居住在苏伊士运河边。

迷兰小两口

迷兰和迷祖给我带了一份小礼物：印有埃及法老像的招贴画册。画册内页，绘着埃及金字塔、骆驼、椰子树，浓浓的非洲风情跃然纸上。原来，今年春节，迷祖陪着迷兰，第一次回到了自己的家乡。我兴致盎然地问起迷祖家人的情况，迷祖一一作答，并打开手机，让我欣赏他们拍摄的照片。照片上，我不仅看到了迷祖的家人，还看到了迷兰和迷祖的妈妈一起学习做埃及美食。尽管语言不完全相通，但其乐融融的温馨，还是能感觉到的。

作为俄罗斯人，迷兰面容很白，直鼻梁，算得上美女；来自埃及的迷祖，浓眉大眼，双眼皮，可称之为帅哥。为了更好地交流，现在的迷兰除了学汉语、学英语，还要学习阿拉伯语；迷祖的汉语、英语比较好，但为了迷兰，他还要学好俄语。

作为博士生导师，我有幸结识迷兰夫妇。从他们那里，我感到了世界之大，见证了缘分之妙。

（本文刊登于2018年4月12日《保定晚报》）

我和韩教授的“五个一”

先解释一下：韩教授，是河北大学文学院教授韩盼山，已退休多年；“五个一”，是指他于今年出版的五本书。这五本书的书名都有个“一”字，分别是《国学精要一百字》《修身成语一百则》《处世格言一百例》《经典对联一百副》和《优美诗词一百首》。

退休教授退而不“休”

教授退休了，都干些什么？

打麻将不会，玩儿猫遛狗没兴趣。于是，大多数退休教授还是接着干“老本行”：看看书、写写字、养养花。再有兴趣的，搜集资料写写文章，等攒到一定数量，便结集出版。此时的教授，不求名、不图利，就为了让自己有事干，把退休后的日子过得更充实些（不夸张地说，有些教授退休后写的文章出的书，反比没退休时要多）。

韩盼山教授就是这样。

韩教授有个儿子在北京工作，他和老伴儿常常到北京照看孙子。

可是，把孙子送到幼儿园（小学）之后，干些什么呢？

韩教授开始谋划。

他有两大特长：一是对文学写作很有研究。他主讲的课程，就是文学写作，并且还有一大堆头衔，如中国写作学会河北分会副会长。二是擅长书法，他曾任中国书法家协会会员。

他把这两大特长结合起来，以书法的形式，书写国学精粹中的一百个字、一百首诗和词、一百例格言警句、一百则修身成语和一百副经典对联，形成一套国学教育和书法观赏兼而有之的系列丛书，不是一件很有意义的事吗？

说起来容易，做起来难。

先说《国学精要一百字》。要从众多的国学经典中，选出一百个常见、常用、含意深邃的字，并且，这一百个字要有足够的代表性，你说有多难？韩教授做到了，他不但选了，而且将这些零散的字变成大体押韵的“字序歌”，以方便记忆和背诵。

“天地家国民，德善爱美真。儒道师学教，忠孝勇廉勤……”

记住了这一百个字，便对国学精粹有了大致的了解。

再说《处世格言一百例》。格言，是富含哲理的名句，体现着人们的行为准则、聪明睿智和文化精神。它散见于各种国学经典，也流行于世代的口口相传中。比如“己所不欲，勿施于人”，再比如“言必信，行必果”等。韩教授披沙拣金，从《论语》《孟子》《老子》《荀子》等浩如烟海的典籍中，将其发掘、拣选出来，并以条幅的形式，呈现于世人面前。

其他的还有成语、诗词和对联。

韩教授的这五本书，算得上“五个一”工程。退休了，还干了这样一个大工程，你说他“休”没休？

精神，还算“财富”吗？

“教授、教授，越教越瘦。”这句对教授的调侃，在一定程度上，说明教授在物质上虽然算不上清贫，但也绝称不上富裕。

教授的精神、知识、学问，在当下这个物欲膨胀的现实境况中，还算得上“财富”吗？

这涉及一个问题：晚辈们需要什么，我们又该给孩子们留下什么？

我也是当爷爷的人了。去年暑假，我带着小孙女玩儿，遇见了韩教授。对隔辈人的教育，成了我们共同的话题。

我恳求韩教授：他的“五个一”出版后，一定要送我一套。因为我觉得，现在的孩子，物质条件大多很优越。可是，许多孩子，包括孩子的父母们，却总是缺些什么。缺些什么呢？缺少文化内涵，缺少胸怀、眼界和气度。因而，我想从我这个爷爷做起，给我孙女补好这门课。

拿到韩教授送给我的书，我先学了起来。

“靡不有初，鲜克有终。”选自《诗·大雅·荡》的这句格言，意思是很多人做事都能有一个良好的开端，却很少有人能有良好的终端。

“善始善终”，就是从这句格言演化出来的。

“不忘初心”，也是对这句格言的升华。

原来如此，我恍然大悟。

习近平总书记在许多讲话中，都用到过格言警句。“靡不有初，鲜克有终”，就是他在纪念中国人民抗日战争暨反法西斯战争胜利70周年的讲话中提到的。习总书记还多次倡导，要让收藏在博物馆里的文物、陈列在大地上的遗产、书写在古籍里的文字都活起来。

“少年强则国强”“腹有诗书气自华”。我们的后辈们要强起来，要能有担当、有责任感、正义感，仅靠物质是堆不出来的。精神、气质、灵魂不仅是财富，而且是更重要、更宝贵的财富。

韩教授做了一件好事，我从心眼儿里感激他。

（本文刊登于《燕赵老年报》2018 年 7 月 16 日，原名为《韩教授的国学“五个一”——读韩盼山的国学五套书籍》）

在新闻学院 2019 级迎新会上的发言

老师们、同学们：

韩立新院长和滑晓军书记给我一个任务，要我结合新闻传播学院的发展和我个人的成长经历，对 2019 级新同学做一番嘱托。我也很愿意借此机会，与在座的青年学子和老师们分享一些我几十年来所品味到的感悟和体会。我的发言可能长一些，请大家耐住性子多听一会儿。

37 年前的 1982 年 9 月，我们新闻传播学院的前身——河北大学中文系新闻专业，迎来 30 位首届本科新生。那时，新闻专业的老师才有 9 位。当时的我，刚刚从复旦大学新闻系毕业不久（我是那一年春天来的），是新闻专业最年轻的老师（没有之一），年龄 28 岁。那时的我，虽然算不上风流倜傥，但也属于风华正茂。可是，当时的我，却怎么也高兴不起来。相反，却很郁闷。

为什么呢？因为我的理想、我的追求是当记者，不是当老师。“铁肩担道义，妙手著文章”“敢为人民鼓与呼”，是我心中的梦。范长江、邹韬奋是我的偶像。为了这个梦，在复旦求学的 4 年时间里，我可以说是夜以继日、孜孜以求。然而，大学毕业、分配工作的时候，却遭遇挫折，无可奈何之下，很不情愿地来到了河北大学。特别是当河北大学中文系 77 级毕业生有的分配到新华社河北分社，有的分配到《河北日报》、电台电视台等新闻单位时，我的心在淌血。当时的我，感觉自己的记者梦破灭了，心中很是不甘。

有句话说得好：当你无法改变环境时，就要从改变自己入手，努力适应环境，不断积蓄力量，力求在不远的将来去改变环境。

所以，我从改变自己做起，努力让自己喜欢当老师、喜欢教学。心态的变化，带来了精神面貌的变化。在新闻专业教学的最初 10 年里，我主讲新闻采访和写作课程。为了把课讲得生动活泼，让教学更精彩、更有针对性和吸引力，我曾组织过两次模拟采访活动。就是把当时的校长（于善瑞）请来当采访对象，把保定市报社、电台、电视台的记者还有河北新闻媒体驻保定记者站的记者请来现场录音录像。30 多位同学，则分别以各大媒体记者的身份，向采访对象提出问题。采访过后，我当场进行点评。当时的采访氛围非常逼真：拍照的、录音录像的、拿采访本记录的，就像一场真正的记者招待会。1988 年，我还带领两名大二的男同学，利用暑假，骑自行车采访了保定市南部的高阳、蠡县、定州、安国等 10 个县。行程 1000 里，用时 1 个月。这期间，我们共写稿 10 篇。其中，1 篇发在河北电台新闻与报纸摘要节目的二条，9 篇发在《保定日报》头版或头条，形成了难得一见的《保定日报》头条几乎被河北大学新闻专业师生垄断的奇特景象。正因为我首先改变自己，逐步适应了环境，真正开始爱教学、爱学生、爱事业，所以，我曾连续 3 年获评教学优秀奖。

尽管如此，我心中的记者梦却始终没有泯灭。我认为：学了 4 年新闻，不亲身干一干，无论如何，也是一种缺憾。再说，不真正了解媒体，不真正了解社会和实践，教学就总有一种“纸上得来终觉浅”的感觉。于是，我又开始谋划调动工作，准备到省级媒体，圆我迟到了 10 年的记者梦。

20多年前，人才单位所有制的限制，使我的工作调动困难重重。其中的酸苦，只有我自己体会最深。尽管我并不是什么人才，但庆幸的是，我遇到了好几位媒体的前辈和领导。他们欣赏我、器重我，全力帮助我调动。最后，我终于于1992年，举家调到了省城，去了当时的河北省政府机关报——《河北经济日报》社。

十年磨一剑。为了圆这个记者梦，我等待了10年、积累了10年。虽然艰苦备尝，但我觉得值。因为，从事自己最热爱的工作，做自己最喜欢的事情，是人生的幸福。有许多朋友后来对我说：你当时如果不调走，你可能会当什么什么长。对此，我丝毫不后悔。甘蔗没有两头甜，有得就会有失。哪有好事都归你的道理？

在《河北经济日报》社工作的10多年里，我从编辑干起，先后担任记者部、要闻部、总编室主任和总编辑助理。职务上，从副科到正处；职称上，从中级到正高。当时，大家笑称我是高学历、高职称、高职务的“三高”记者。这些都不重要。重要的是我采写的一些新闻报道，曾6次获得省级好新闻一等奖，二、三等奖一大堆。其中，我主持策划和组织采写的系列报道《省城菜价大追踪》，引起了当时省委书记的重视。省委书记在报纸上作批示，省政府领导现场办公，石家庄市委市政府连夜召开党政联席会，解决当时省城菜价贵的民生问题。这个系列报道，也顺理成章地评上了河北省好新闻一等奖和河北省“五个一工程奖”。

新闻无小事。在新闻媒体工作，不仅仅是风光、让人羡慕这些表面的东西。背后的辛苦、无奈，也只有当事人自己知道。我对此概括成“提心吊胆、战战兢兢、小心翼翼、如履薄冰”16个字，说明新闻工作责任重大，时刻马虎不得、松懈不得，必须非常敬业才行。

尽管我在报社工作，但河北大学新闻学院的领导和老师们却始终没有忘记我，几次派人到报社找我，希望我重回河大。老院长白贵老师，更是利用出差机会与我面谈，恳切之情溢于言表。

当时，我又面临着艰难的选择：重回河大，意味着离开省城石家庄，离开非常熟悉的工作环境，重新适应高校的教学与科研。其中，一个世俗的“好马不吃回头草”观念，就让人非常纠结。我反复权衡，把得与失、利与弊尽可能详细地开列在纸上，进行比较。最后，一咬牙、一跺脚，下定决心、义无反顾地于 2003 年 8 月，以人才引进的名义，重新回到河大，实现了我从学界到业界、再从业界到学界的两次转型与跨越。

从这两次转型和跨越中，我深深感到：人生最困难的是选择，最幸福、幸运的也是选择。选择，虽然会面临失去、经历痛苦，但选择也会带来机遇，创造快乐。选择不是坏事而是好事。没有点儿真本领、没有点儿特长或特点，谁会选择你，你又能选择什么？

这里顺带说一句：我刚离开报社，纸媒的衰落就开始了。许多朋友和同事称赞我，说我有眼光、有勇气，转型转得好。其实，我心里明白：转型不仅需要眼光和勇气，还需要付出和舍弃。尤其需要的，是在观念上实现突破，在心理上战胜自我。比如前面提到的“好马不吃回头草”，我就把它转化为“市场经济条件下，哪里的草好就往哪儿吃”。

2003 年重回河大新闻学院后，我全面适应教学和科研工作。十几年来，我的学术成绩（不能用成就）可以用 1234 来概括。即获得河北省社科优秀成果一等奖 1 次，主持完成国家社科项目 2 个，出版专著 3 本，撰写论文近 40 篇。河北大学也给了我丰厚的回报：我现在是二级教授、博士生导师和河北大学优秀坤舆学者。

同学们、老师们，我想说的话非常多，但又唯恐耽误大家过多的时间。今天的这个迎新会，我们新闻学院与 37 年前相比，已不可同日而语。作为新闻学院年龄最长、资历最老的教师，我为新闻学院的发展壮大骄傲和自豪。我特别期待，已进入全国新闻传播类院校前列的河北大学新闻传播学院，在全院老师和同学们的共同努力和拼搏下，再创佳绩，再造辉煌。

最后，我把自己的几点感悟分享给大家：

1. 要真正热爱新闻传播，把新闻传播当作事业而不是谋生的职业和饭碗：热爱产生能量、产生动力。热爱，是最好的发动机。

2. 要明确目标和方向，不断追求和超越。目标不一定大，但一定要有。读一本好书、写一篇小文章，搞一次社会实践，都是小目标；积少成多，小目标就成了大成就。

3. 要树立大格局，低调做人、高调做事。如果遇到烦恼与不开心，不要太纠结。“天上飘来 5 个字，那都不是事”，可以作为处世格言。

4. 幸福和快乐是创造出来的，成功的快乐最动人、最优美。

5. 热爱、追求、格局、快乐，就是我对大家的期望和嘱托。

在新闻学院 2019 级迎新会上发言

（2019 年 9 月 4 日）

不忘初心　继续为我校争创一流贡献余热

——在全校退休教师代表座谈会上的发言

去年 9 月，我曾代表教师，在新闻传播学院迎新大会上做了发言。这个发言，主要是结合我个人学新闻、教新闻、干新闻、再教新闻，围绕着新闻传播这个轴心，实现了从学界到业界、再从业界到学界的两次转型与跨越，最终画了一个同心圆的亲身经历。向新闻学院的老师和同学们提出了正确对待得与失、进与退、利与弊、奉献与索取等人生选择问题，受到了大家的欢迎。

一年后的今年 9 月，我有幸作为退休教师代表，参加今天这个座谈会，和在座的领导和老师们一起交流，心中不能不生出无限感慨：我觉得，从在职到离职，是人生的又一次转折、又一次选择。转折和选择得好，就能身心健康、精神愉悦、生活充实快乐；转折和选择得不好，就可能出现相反的结果。所以，我愿借此机会，把我的一些体会和想法，与在座的各位分享一下。

第一，人退休了，精神不能滑坡。

不管退休不退休，人都是需要一种精神的。没有了精气神儿，没有了动力和追求，人就会颓废，就会疾病缠身、快速衰老。我的体会是，不让自己无所事事，要为自己找事做。我的做法是：坚持锻炼，把我坚持了 20 多年的每天步行 8000 步的习惯坚持下去；坚持学习，继续关心国家和世界大事，比如，习近平总书记最近关于抗战精神、抗疫精神的重要讲话，我就学得很认真。尤其是习总书记在论述抗战精神时所提出的五个必须和五个绝不答应，我都一字一句记下来，反复品味和琢磨。这样，一可以做到紧跟形势不落伍，二可以有效防止老年痴呆。除此之外，我还学习国学和历史，把过去比较欠缺的短板补一补。

第二，不忘初心，继续为我校改革发展、争创一流贡献余热。

退休教师，不是学校的累赘和包袱，而是学校的智囊、学校可以继续发挥和利用的优质资源。我们这些退休教师热爱学校，为学校的改革、创新、发展，竭忠尽智，工作、奉献了大半辈子。现在虽然退休了，但热心还在，精神还在。只要学校需要，我们还会一如既往地建言献策，奉献余热。尤其是在学科建设、人才培养、教学和后勤改革等方面，我们都积累了一些经验和教训。并且，许多退休教师本来就是学科带头人或教学骨干。以我个人为例，今年上半年，就参加了网上博硕论文评阅、网上国家社科项目评选、网上全国一流课程评选等。参加这些评阅、评选，对我个人启发很大，受益匪浅。也期待着有机会和大家交流，以推动我校的学科建设和教育教学改革。

作为退休教师，还有一个很大的优势，就是顾虑更少了，更敢说真话、讲实情了。这样，就为学校领导深入基层、了解民情民意，提供了便利、搭建了桥梁。比如，与全校教职工生活密切相关的冬季取暖问题、旧楼电梯安装问题，车辆乱停乱放问题，相关职能部门的工作态度、工作作风问题，等等。这些涉及教职工切身利益的生活和工作问题，是小事，也是大事。习近平总书记反复强调要以人民为中心，作为学校，就是要以学生和教职工为中心。学生和教职工的难事、烦事、焦心事，就是学校领导应该重点考虑和着力解决的大事。

只有大事和小事兼顾，我们学校的发展才能更有后劲。在这方面，退休教师也起着积极的、不可替代的作用。

谢谢各位领导和老师。

（2020 年 9 月 10 日）

吴桥农村掠影

4月初，我回到阔别3年的老家吴桥。闲暇时，信步游览了5个村庄，发现变化确实不小，村容村貌有了很大程度的改观。

一是，路面硬化了，村村都有了水泥路或柏油路。坑坑洼洼、晴天一身土、雨天两脚泥的行路难问题得到了解决。

二是，街灯亮了。入夜后，盏盏路灯发出明亮的光芒。村口的电线杆上，装着监控，小偷小摸基本绝迹。

三是，厕所改造大见成效，家家都有了坐便，臭气熏天成了历史。

四是，基础设施建设大幅提升。党支部、村委会有了制式统一、标准、规范的办公场所。村村都有健身器材和娱乐广场。燃气管线飞檐走壁，十分规整。

五是，用上了清洁纯净的长江水。

硬化、绿化、亮化、净化、美化。吴桥农村5个村的游览，让我感到了社会主义新农村的美好愿景，正在一步步变为现实，我对乡村振兴更有信心了。

纪庄村党群服务中心

李千秋村柏油路

李千秋村大街上的玉米囤

王小西村整洁的街道

李百户村的燃气管线

单家店村麦田

李千秋村健身小广场

（2021 年 4 月 4 日）

我陪孙女看“动画”

我的孙女刚满 4 岁，我已经 64 岁。

今年寒假，在天津上幼儿园小班的孙女来到保定，我理所当然地成了“全职保爷”。

没有哪个孩子不喜欢看动画片，我的孙女自然也不例外。这两年，我陪她看过的动画片，粗粗一算，就有《大耳朵图图》《小猪佩奇》《巧虎》《熊出没》《小马宝莉》《汪汪队》等。

春节这几天，我陪孙女看的动画片是《汪汪队》。汪汪队就是一支小狗救援队，哪里有灾难，小狗救援队就奔赴哪里，帮助哪里排忧解难。比如，《秋季庆典》的那集，讲的是暴风雪就要来临，某农场的南瓜和苹果来不及收获。小狗救援队了解灾情后，立即出动，紧急赶往果园和瓜田，利用铲车和装有传送带的运输车等先进工具，把满地的南瓜和大片果园的苹果及时抢摘、抢运到仓库里，避免了农场主人的损失。

我和小孙女

《汪汪队》每期一个故事，有事件、有人物、有场景，很是吸引人。并且，每个故事都是助人为乐、善待社会、奉献爱心的积极主题，充满了阳光和智慧。这样的动画片，可以说是老少咸宜，不仅孩子看起来津津有味，就是成年人看后也会有收获。

《狗狗救海龟》那集，讲的是刚从蛋壳里孵出来的一群小海龟，凭着本能匆匆往海边爬。可是，一条新修的公路，挡住了他们前行的脚步。路上有汽车、摩托车呼啸而过，小海龟时刻面临着被碾压成泥的危险。狗狗救援队及时赶到现场，有的指挥车辆绕道而行，有的打通公路下面被沙子堵塞的通道，还有的驱赶小海龟的天敌海鸥。大家井然有序，又忙得不亦乐乎，终于保证了海龟安全到达海边。

孩子虽然没有见过真的海龟，但当她看到小海龟差点儿被汽车碾到时，也紧张地睁大了眼睛、张大了嘴巴。当小海龟躲过了海鸥的袭击时，她抽出攥在我手心里的小手，情不自禁地鼓起掌来。看这样的动画片，孩子在不知不觉中，就有了保护小动物的意识，可谓既有意思，又有意义。

我陪孙女看动画，不仅仅是帮助孩子打开电脑，找到要看的动画片，还有一层更为重要的意思：把动画片中的知识变成孩子动手动脑的能力。比如，《大耳朵图图》动画片，讲到三角形、圆形、长方形等各种图形，还讲到把袜子折成卷、把物品分成类等生活常识。每次看完动画片，我就和孩子一起，寻找家中的各种图形，并且比一比，看谁找得多、找得快。孩子的兴趣可高了，每次都是兴高采烈的和爷爷比赛。这样的“学以致用”，不仅培养了孩子的观察能力，也培养了她的动手动脑能力。

我陪孙女看动画，我也变成了“孩子”，童心童趣大增。正如孙女在春节拜年时对我说的那句话，“祝爷爷快乐成长”。是啊，人虽步入老年，但心态要年轻，要陪伴着孙女，与孙女“共成长”。

NING NEWS 荷花淀·晚茶 E-mail：bdwbxx@126.com 电话：3092075 QQ群：203899055 副刊部主办 责编：

我与小孙女

□杨秀国

我陪孙女看“动画”

我的孙女刚满4岁，我已经64岁。

今年寒假，在天津上幼儿园小班的孙女来到保定，我理所当然的成了“全职保爷”。

没有哪个孩子不喜欢看动画片，我的孙女自然也不例外。这两年，我陪她看过的动画片粗粗一算，就有《大耳朵图图》《小猪佩奇》《巧虎》《熊出没》《小马宝莉》《汪汪队立大功》等。

春节这几天，我陪孙女看的动画片是《汪汪队立大功》。汪汪队就是一支小狗救援队，哪里有灾难就奔赴哪里，帮助哪里排忧解难。每集一个故事，都是助人为乐、善待社会、奉献爱心型的积极主题，充满了阳光和智慧，可以说是老少咸宜。

有一集名为《狗狗救海龟》，讲的是刚从蛋壳里孵出来的一群小海龟，凭着本能匆匆往海边爬。可是，一条新修的公路挡住了他们前行的脚步。路上，汽车、摩托车呼啸着飞过，小海龟时刻面临着被碾压成泥的危险。狗狗救援队及时赶到现场，有的指挥车辆绕道而行，有的打通公路下面被沙子堵塞的通道，还有的驱赶小海龟的天敌海鸥。大家井然有序，又忙得不亦乐乎，终于保证了海龟安全到达海边。

孩子虽然没有见过真的海龟，但当她看到小海龟差点被汽车碾到时，也紧张得睁大了眼睛、张大了嘴。当小海龟躲过了海鸥的袭击时，她抽出攥在我手心里的小手，情不自禁地鼓起掌来。看这样的动画片，孩子在不知不觉中就有了保护小动物的意识，可谓既有意思，又有意义。

*我陪孙女看动画，不仅仅是帮助孩子打开电视，找到要看的动画片，*还有一层更为重要的意思：把动画片中的知识，变成孩子动手动脑的能力。比如，《大耳朵图图》动画片，讲到三角形、圆形、长方形等各种图形，还讲到把袜子折成卷、把物品分成类等生活常识。每次看完动画片，我就和孩子一起，寻找家中的各种图形，并且比一比，看谁找得多、找得快。孩子的兴趣可高了，每次都是兴高采烈地和爷爷比赛。这样的“学以致用”不仅培养了孩子的观察能力，也培养了她的动手动脑能力。

我陪孙女看动画，我也变成了“孩子”，童心童趣大增。正如孙女在春节拜年时对我说的那句话“祝爷爷快乐成长”。是啊，人虽步入老年，但心态要年轻，要伴随着孙女，与孙女“共成长”。

我陪孙女做“家务”

“自己的事情自己做”，这是许多孩子经过努力能达到的。可是，如果不是属于自己的事情，比如，擦桌子、扫地等这些“家务”劳动，是属于家庭“公共领域”的事情，还要不要做呢？

我陪4岁的孙女做“家务”，就是一点一滴地引导她，不但要做好自己的事情，家庭的事、大家的事、集体的事，也要有兴趣，也要热心去做。

其实，从孙女两岁起，我就陪她做“家务”了，所谓做“家务”，无非是陪她玩。孙女拿一块抹布，我也拿一块抹布，我们一起擦书柜、擦床头柜、擦电视柜。凡是她能擦的地方，我都和她一起擦；她擦不着的地方，我抱着她擦。正应了那句“醉翁之意不在酒，在乎山水之间也”的老话，目的不在于擦，而在于擦所创造的乐趣，擦所体现的责任意识。

陪孙女做“家务”，如何“陪”很重要。她擦，我也擦，她扫，我也扫，这个“一起做”的过程，就是“融入”“契合”的过程，就是言传身教的过程。孙女和爷爷“玩”到了一起，长幼一体，相互依存，其乐融融。以至于每次做“家务”，小孙女都兴高采烈，非常有积极性，也非常投入。

陪孙女做“家务”，一定不要忘了“鼓励”。鼓励，就是多表扬她，夸她擦得干净，擦得认真，比她爸妈都干得好。这样一来，孙女的积极性就更高了。还有，在孙女擦桌子、扫地的时候，别忘了给她拍几张照片或录点视频，以作为资料保存起来。每当回看以前的照片或视频时，小孙女都是一脸的自豪，眼神里充满了快乐和幸福。

孩子的模仿性、可塑性都很强。陪她一起做“家务”，让她参与到家庭生活的创建中来，可以有效减少孩子的“自我中心”意识。有些家长，这也不让孩子做，那也不让孩子做，光怕孩子摔着、碰着，其实是不必要的。

我陪孙女做“家务”，也让我这个60多岁的老人获得了少有的幸福和满足。与4岁的孙女在一起，我也仿佛回到了童年，情不自禁地产生了这样一种幻象：与孙女一起成长，一起去体验快乐丰富的人生。

孙女给我当“老师”

“爷爷，该上课了，今天，我们画图形。”上午9时，4岁的小孙女拉着我的手，把我“按”在椅子上。她则回到我书房写字台另一边的转椅旁，面前铺着一张A4纸。

今年春节，小孙女从天津来保定爷爷家过寒假。一开始，我就和她一起制定了一份《课程表》。课程表上，有语文（主要是学认字）、数学（10以内加法）、美声（唱儿歌）、劳动（做家务）、画画和游戏等“课程”。

给孙女制定课程表，并不是真的让她学习多少知识，而是让她每天按计划做事，从小养成懂规矩、讲秩序的好习惯。

为了让孩子有兴趣，我还和孙女来了个“角色互换”，请她当“老师”，给爷爷“上课”。

出乎意料的是，小孙女对当“老师”这个角色特别看重。她先在纸上一笔一划画了个三角形，然后一板一眼地对我说：“爷爷要按我画的这样”。当我模仿她也画了个三角形时，她有些满意地说：“还可以，我们再画个圆形。”

原来，孙女曾看过动画片《大耳朵图图》，这部动画片里，专门讲过三角形、圆形等知识，对此，小孙女已比较熟悉。所以，她给爷爷上课时，才专门讲起了图形。

角色互换，请孩子当“老师”，可以明显增强孩子的自信心。别看孩子年龄小，也有自尊心，也喜欢听到表扬、肯定、赞美的话。当然，孩子在某些方面，也确实比成年人强。比如，我的小孙女在拼图方面，就比我强得多。2017年夏天，小孙女3周岁多的时候，曾玩过“米奇和米妮”的拼图。这幅拼图，是两个米老鼠的形象，由120块不规则的小图块组成。说实话，我看到这幅图都有些眼晕，只能帮孙女“打打下手”。小孙女却乐此不疲，左比比、右比比，很快就把120块小图形拼成了一幅完整的大图形。我自愧不如，也从心里发出感慨：包括孩童在内的任何人，都有自己的长处，千万不能自以为是。

更有意思的是：小孙女不但给我当“老师”，也“逼”着奶奶当起了“学生”。而且，她对奶奶丝毫不留“情面”，给奶奶画的两张图形判了个“不及格”。

要当先生，先当学生。哪怕这个“学生”已是经历过沧桑的老者，哪怕这个“先生”是正在成长、满脸稚气的孩童。

《我与小孙女》发表在《保定晚报》上

（本文刊登于《保定晚报》2018年3月15日）

杨笑寒暑假生活记录

2021 年 7 月 24 日（星期六），杨笑寒来到了保定市爷爷奶奶家，开始了丰富多彩的快乐暑假生活。

一、暑假作业提前做

每天抄写生字两行、做 30 道 100 以内加减法数学题，学习小古文、阅读老师推荐的图书，还有英语练习，做家务、观察生活、力量训练等。假期生活很是丰富多彩。

这就需要合理安排时间。

1. 做事要有条理

爷爷和杨笑寒商量好：上午，写各种作业；下午，做各种兴趣活动。

爸爸为杨笑寒下载了 31 张加减法的卷子，每张卷子 100 道题。

因为 7 月 8 日刚放暑假时，杨笑寒在托管班做的数学卷子没有带来，所以，杨笑寒要把作业补回来。

每天一张卷子共 100 道题。这样，就能提前把数学作业完成。

语文作业、阅读等，也要按照计划，打出提前量。

为什么？

做事没有条理，没有计划，忙闲不均，开学时就会手忙脚乱，甚至完不成作业。

2. 保持正确姿势

坐，要有坐相；站，要有站相。学习也是这样。“一尺一拳”，是写字做作业的正确姿势。杨笑寒写字时，本放得不正，坐的也有点儿歪。为了改变她的这个毛病，爷爷奶奶当起了监督人，并在旁边准备了爷爷拍后背用的竹片。可笑的是，竹片早早地被杨笑寒藏了起来，始终没有派上用场。

3. 在快乐中学习

快乐产生兴趣，兴趣形成热爱。

数字是枯燥的。两位数的加减法算多了，就容易产生厌烦情绪。

为了激发和保持兴趣，爷爷和杨笑寒采取了速度竞赛法和异口同声说出答案法。在小古文学习中，我俩采取了知识拓展和联系实际法。

工欲善其事，必先利其器。

临渊羡鱼，不如退而结网。

少壮不努力，老大徒伤悲。

……

凡事都要做好准备，要少说多做。现在不努力，将来要后悔。

哈哈，杨笑寒的学习兴趣又提高啦。

二、近距离观察生活

7 月 30 日下午，杨笑寒到保定东湖游玩儿，现场观察小动物。

在美丽的湖边，她看到水面上有几只像蚊子似的小昆虫，快速地穿梭来往。这是什么昆虫呢？为什么它不下沉呢？回家查阅资料才知，这种昆虫叫水黾（miǎn），它依靠水的张力活跃在水面上。

杨笑寒观察东湖水面上的小虫子

杨笑寒融入大自然

三、乐此不疲做家务

1. 煮鸡蛋

杨笑寒早晨要吃煮鸡蛋，奶奶正要用锅去煮，杨笑寒却说：“用电水壶煮吧。”奶奶说：“我不会用。”杨笑寒自告奋勇：“我来！”

爷爷灌满水，杨笑寒打开电源开关。然后，在功能键中找到煮蛋功能。几分钟后，鸡蛋煮好了，杨笑寒享受到了自己劳动的成果。

2. 做冰糕

8 月 5 日下午，杨笑寒突然要吃冰糕。

可是，家里没有冰糕。杨笑寒提出：自己做冰糕。

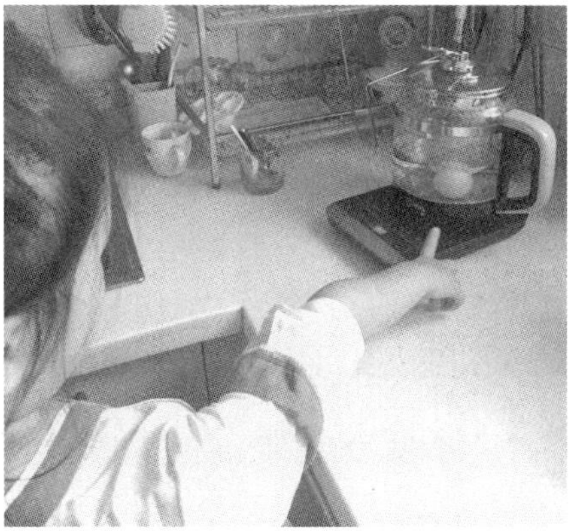

小孙女煮鸡蛋

爷爷很赞成。于是，杨笑寒拿来一盒特仑苏牛奶，又拿来两块巧克力。在小碗里搅拌均匀后，放在了冰箱里。

爷爷说，耐心等待4个小时，就可以吃了。

结果，等到40分钟时，杨笑寒就迫不及待要看看冰糕做好了没有。

啊，冰糕粥。

尽管如此，杨笑寒还是经不住诱惑。那凉凉的、甜甜的味道，让杨笑寒连呼“爽，爽”。

小孙女吃自己做的冰糕

3. 削土豆皮

奶奶要炒土豆丝，正准备削土豆皮时，杨笑寒看见了，连说：“我来。”

土豆在案板上滚动。爷爷告诉杨笑寒要用左手按住土豆，右手用削皮器轻轻削。

开始，杨笑寒削的厚薄不匀，练了几次后，慢慢掌握了要领。

熟能生巧呀！

（2021年7月28日）

去西部追寻“诗”和远方

——西北西南行侧记

“世界上有不绝的风景，我有不老的心情。”

“不要在意眼前的苟且，还有诗和远方。”

2020年10月4日，国庆中秋双节期间，我和夫人与部分大学同学夫妇及其他朋友，从陕北榆林汇聚，游览了镇北台、红碱淖等景点后，一路向北、向西，途径内蒙古的鄂尔多斯、巴彦淖尔，到达内蒙古最西部的额济纳旗，观赏了闻名遐迩的胡杨林。之后，我们继续向南、向西，直达著名的“河西走廊”即甘肃的酒泉、张掖、嘉峪关、敦煌、玉门。短暂停留后，我们一路向南、向东，奔向青海省的海西、果洛等自治州，观赏了魔鬼城、翡翠湖等景点。接着，“孔雀东南飞”，我们由阿坝入川，经“四姑娘”山、汶川等地到达成都。一圈儿下来，共计走过了陕西、内蒙古、甘肃、青海、四川5个省区，再加上去榆林时曾在宁夏银川转机，算得上6个省区，行程5000多公里。这次旅行，是名副其实的追寻“诗”和远方之旅，是“行万里路”、饱览祖国山河风光的观光之旅，也是同学、朋友相聚，倾心交流，再续友谊的亲情之旅、文化之旅。

一、绝美景色，常在险远之处

（一）网红打卡地：胡杨林

胡杨，具有惊人的抗干旱、御风沙、耐盐碱能力，被誉为“沙漠英雄树”。人们夸赞胡杨树的巨大生命力为3个千年，即“活着千年不死”“死后千年不倒”“倒后千年不朽”。

我国最大的胡杨林位于内蒙古最西部的阿拉善盟额济纳旗。额济纳为蒙古语，意思是幽隐之地。

景区大门旁的巨幅广告牌上，有一句令人心动的广告语：我在此等你3000年。

残阳如血，漠风当歌。

这里需要补充一下：

多年前，胡杨并不为人们所熟知。胡杨成为“最美的树”，每年，大批游客趋之若鹜，不远千万里前去观赏，缘于1984年10月《人民日报》记者孟晓云的长篇通讯《胡杨泪》。《胡杨泪》描写了一位叫钱宗仁的知识分子，颠沛流离、受尽屈辱的坎坷故事。因为钱宗仁的斑斑泪痕和胡杨被划破树皮时，体内水分从伤口渗出，看上去和伤心流泪特别相似，所以，《胡杨泪》引起了人们的强烈共鸣。胡杨，也从此走进人们的视野，成了网红打卡地。

如梦如幻的胡杨

千年不倒的胡杨

倒而不朽的胡杨

如梦如幻的胡杨

（二）神秘的敦煌莫高窟

莫高窟，俗称“千佛洞”，坐落在河西走廊西端的敦煌。它是世界上现存规模最大、内容最丰富的佛教艺术地，与山西大同云冈石窟、河南洛阳龙门石窟、甘肃天水麦积山石窟并称为中国四大石窟。

敦煌莫高窟的标志性建筑“九层楼”

莫高窟是如何形成的？它究竟藏有多少秘密？

我们参观游览之前，要先看一场 3D 电影《敦煌莫高窟》。电影解说告诉我们：公元 366 年，僧人乐尊路经此山，忽见金光闪耀，如现万佛。于是，便在岩壁上开凿了第一个洞窟。此后，历经十六国、北朝、隋唐、五代、西夏、元等历代兴建，形成了如今的规模：洞窟 735 个，壁画 4.5 万平方米。

参观莫高窟分为 A 票和 B 票。A 票可以参观 8 个洞窟，B 票则是 4 个。洞窟内不允许拍照。有意思的是：我们持 A 票参观时，有位女游客悄悄拿手机拍照。保安走过来严肃地予以警告，慌得那位女游客连忙道歉：“我马上删掉，马上删掉……”

莫高窟的绝美壁画，摄于敦煌展览馆

弥勒佛坐像，高 35.6 米

（三）匪夷所思的鸣沙山、月牙湖

沙山为什么鸣响？被沙山围裹的月牙湖为什么不干枯？

来不及细细考量，先到沙地里体验一下再说。

鸣沙山

月牙湖

我和夫人在鸣沙山和月牙湖留影

（四）张掖七彩丹霞

被称为“中国最美七大丹霞”之一的张掖丹霞，以其造型奇特、色彩斑斓著称。由红、黄、白、绿、蓝等颜色构成的层理交错的线条，宛如绚丽的“童话世界”。置身其中，感觉来到了“仙界”。

（五）青海魔鬼城

青海魔鬼城中高高低低的小山丘，奇形怪状，千姿百态，像骆驼、像骏马、像狮子；还像城堡、像碉堡、像蒙古包。面对这些独特的雅丹地貌，不得不感叹大自然的鬼斧神工。

“雅丹”，本是维吾尔语，意为“风化土堆群”。当你面对那好似断垣残壁、危楼斜空般的神秘幻境时，仿佛穿行在“魔鬼城”的曲径幽巷里。

雅丹地貌的形成，一言一概之，是风和流水的共同作用。

青海魔鬼城

（六）令人心醉的翡翠湖

“青海湖”人尽皆知。此次旅行，我们避开青海湖，而选择了翡翠湖。

翡翠湖位于青海省海西蒙古族藏族自治州境内，名为大柴旦湖。

大柴旦是蒙语，意为“大盐湖”。说是湖，面积并不大，叫“坑”

也不为过。原来，这里曾是盐矿。由于所含矿物质浓度不同，湖水呈现出深绿、墨绿、翠绿等色彩，宛如镶嵌在荒漠中的一块块翡翠。

（七）阿尼玛卿山

阿尼玛卿山又名玛积雪山，为昆仑山东段中支。“阿尼”藏语意为“先祖老翁，并含有美丽心房、幸福或博大之意”。“玛卿”，藏语意为“黄河源头最大的山，也有雄伟壮观之意”。藏族认为：阿尼玛卿雪峰是主宰山河大地、威力无比、神通广大的神山。

阿尼玛卿神山

沿途所见美景，还有很多，不能一一记之。

王安石在其《游褒禅山记》中曾说道：“夫夷以近，则游者众。险以远，则至者少。而世之奇伟瑰怪非常之观，常在于险远、而人之所罕至焉。”

信之。

二、穿越在沙漠、戈壁和高山大川之间

我们这次旅行，在祖国的西北、西南绕了一个不大不小的圈儿。

我们先后穿越了河套平原、祁连山脉、柴达木盆地、河西走廊、三江源国家公园、川西高原等。途经最高海拔之处，是 4445 米的乌

金山口。

1. 河套平原

从陕西榆林往北，经鄂尔多斯、包头，首先到达了内蒙古的巴彦淖尔市。这一带，被称为“河套平原”。

骆驼草

河套是黄河中上游两岸的平原、高原地区，位于内蒙古和宁夏境内。因黄河在此先向东北流，后转向东流，再折向南流，形成马蹄形的大弯曲，故称为“河套”。

河套平原有着黄河之水的灌溉之利，农业较为发达，主要种植榨油用的向日葵。向日葵比较低矮，正值成熟收获季节，看上去黑乎乎的一片。

2. 巴丹吉林沙漠

从内蒙古的巴彦淖尔到阿拉善盟，500 多公里几乎无绿色和人烟。车在高速公路上跑，沿途所见，是零零星星、断断续续的骆驼草。还有就是与高速公路并行的高压线。

3. 河西走廊

河西走廊位于黄河以西、甘肃省西部的一条狭长地带。南边，是绵延的祁连山；北边，则是合黎山、龙首山以及阿拉善沙漠。因为两山夹峙，故名河西走廊。河西走廊东西长约 1000 公里，著名的古代四郡：武威、张掖、酒泉、敦煌，就像一串明珠，分布在河西走廊上。

4. 柴达木盆地

柴达木盆地地处青海省西北部，是一个被昆仑山、阿尔金山、祁连山等山脉包围的封闭性盆地。柴达木不仅是盐的世界（东南部多盐湖沼泽），还有丰富的石油、煤以及多种金属矿藏，因而有“聚宝盆”的美称。此次旅行，我们就是沿着柴达木盆地的东北边缘穿行的。

5. 三江源国家公园

三江，指的是澜沧江、长江和黄河。三江源是我国最大的自然保护区，位于青藏高原的腹地，有“中华水塔”之称。这里山川壮丽，水草丰美，野生动植物资源十分丰富。

6. 川西高原

川西高原，是四川西部与青海、西藏交接的高海拔地区，地面海拔多为4000至4500米。

我们由青海省进入四川阿坝后，景色变化十分明显。公路两边的荒芜景象，逐渐被高山大川的生机盎然所取代。

一次旅行，能见识到这么多形态不同且对比明显、反差强烈的地形地貌，能不令人激动和神往？

在华北平原生活的我，初次到西北，初次领略千里无人烟的荒寂，内心的震撼和感慨可以想象。

我的思绪，随着车窗外景色的不断变幻而上下翻飞：

在阴山南麓，我和大家一起背诵唐朝王昌龄的《出塞二首·其一》：“秦时明月汉时关，万里长征人未还。但使龙城飞将在，不教胡马度阴山。”

在嘉峪关，望着夕阳余晖中的楼台，我不禁长舒一口气：从长城最东端的山海关（老龙头）、长城中段的镇北台，再到长城最西端的嘉峪关，我终于目睹了长城最重要的 3 个节点。

在张掖，王维的《使至塞上》中“大漠孤烟直，长河落日圆”的名句，瞬间闪现在脑海中。

在西北旅行，还有一个重要人物——范长江，不能不提及。

范长江是我国著名的新闻工作者。他先后担任过新华社总编辑、新闻总署副署长、《人民日报》社社长等新闻宣传单位重要领导职务。

1935 年，时年 26 岁的他，以《大公报》特约通讯员身份，深入中国西北地区考察采访，公开报道了红军长征，采写了《中国的西北角》《塞上行》等经典作品。他从成都出发，经川西、陇东、祁连山、河西走廊（最西到达敦煌）等地，最后来到内蒙古。今天，我作为新闻传播学者，作为旅行路线和当年新闻前辈西北考察采访有许多叠加之处的后来人，能不追忆先贤、从而生出无限感慨呢？

辽阔的大西北，天高地远。在这里，你可以纵横驰骋、思接古今。

三、一路诗酒一路歌

这次西北西南行，是由我们复旦大学新闻系 7713 级同学和几位朋友组织和参加的。和一般旅行团最大的不同，就是大家相互之间比较熟悉并且友情深厚，便于沟通交流。不至于出现无话可说，“上车睡觉、下车拍照、回来一问、啥都不知道”的情况。

一路上，大家欢歌笑语，尽情地侃和聊。

绰号“国王”的老班长陈明贵是这次活动的决策者。“国王”的“封号”可不是浪得虚名。20 世纪 90 年代，他就曾担任过广西柳州市的报社总编和副市长。后来，他又干回新闻直到退休。

羊慧明是这次活动的策划和组织者。这位四川同学做事极其细致，从旅行路线选择到景点安排直至每天的食宿，事无巨细，亲力亲为，保障了这次旅行的安全和圆满。

徐海帆是同学中的老大哥。这位曾经的《经济日报》社秘书长、印刷厂厂长，退下来后清心寡欲。这次和同学旅行，幽默风趣的可爱一面又重新回到他的身上。

张俊是我同寝室的同学，退休前曾任山东省政府副秘书长（正厅级）。旅行中，他的一段“画裤衩”段子，逗得大家前仰后合。

雷刚同学的摄影技术极好。这位湖北省广电系统的厅级“老总”，在一次晚宴上，和其夫人深情朗诵的《当你老了》，让在座者无不动容。

我作为大学教授、博士生导师，路途中也曾唱过河北梆子《清平乐·六盘山》。尽管不够标准，倒也引来掌声。

各位同学的夫人，也各有可圈可点之处。

同行的朋友霍警官和年轻的小喻夫妇，一直忙前忙后，为我们这些老年同学服务。

就连两位司机，也给我们留下了深刻印象：

李师傅是陕西人，他的陕北民歌，黄土高原的味道醇厚；小滑师傅则俨然像个无所不晓的“学者”，社会生活知识十分丰富。比如，在青海魔鬼城游览时，他便讲起魔鬼城大土堆形成的原因是地壳运动，造成喜马拉雅山脉东侧的海洋消退。经过亿万年的水流冲蚀和风的吹削，便形成了这一个个不规则的土堆。

同行的同学和朋友中，最值得说说的是“老顽童”巴山先生。

巴山先生已75岁（虚龄）。但看上去，也就五六十岁的样子。这位老先生，多才多艺、性格开朗。一路上，因为有了他，旅行变得格外轻松愉快。

他在旅行中的几件趣事：

一是，在内蒙古时，我们原计划看看阴山岩画。但因路没修好，风又很大，只得放弃。这位老先生不顾劝阻，迎着风往沟谷深处跑。一边跑一边说：“来都来了，不看看多遗憾。”一脸的不满足。

二是，在观赏胡杨林时，为了便于拍照，老先生竟然从铁丝网下面的小豁口处爬了进去。

三是，在三江源国家公园短暂停留时，老先生不顾4000多米的高海拔，手舞足蹈地和藏族女同胞跳起舞来。

四是，在香日德游览时，约定好的集合时间到了，竟然找不到巴山先生了。原来，他又跑到树林深处拍照去了。

10月10日，恰逢巴山先生75岁生日，大家要为他庆生。他则要求每位朋友为他写一首打油诗。

我也即兴凑上了一首：《与巴山先生同游西北有感》

75岁一“顽童”，

面容姣好俏书生。